JN310732

タイの経営、日本の経営

企業トップが語る新興国ビジネスの要諦

The Styles of Thai and Japanese Business :
Secretes of Doing Business in Emerging Countries.

藤岡資正 著
TAKAMASA FUJIOKA

カナリアコミュニケーションズ

はじめに

東南アジア諸国連合（ＡＳＥＡＮ）は、２０１５年末のＡＳＥＡＮ経済共同体（ＡＳＥＡＮ Ｅｃｏｎｏｍｉｃ Ｃｏｍｍｕｎｉｔｙ、ＡＥＣ）の創設に向けて大きな注目と期待を集めている。これまで日系製造業のＡＳＥＡＮをはじめとする新興国への進出の多くは、低廉な労働力や資源を求めた資源（労働力）探索型の直接投資であった。ここでの主眼は、いかに日本的生産システムを「正しく」現地に移植していくべきであるかという点にあった。そのため、マザー工場システムに見られるように、本国主導での「日本型生産システムの輸出モデル」としての海外展開が一定の合理性を有していたのである。こうした本国中心の中央集権的な経営モデルを機能させるためには、自動車の生産など高度な次元の研究開発機能や製造技術の蓄積が求められる業種のように、本国（日本側）の製造システムや経営資源（特に人的資源）が現地（進出先）と比べて、大きな優位性を有していることが前提となる。

しかし、ＡＳＥＡＮ諸国のみならず多くの新興国が世界の工場から世界の市場へと目まぐるしく変貌を遂げていくなかで、日本企業の海外拠点数は増加しており、総売上高や営業利益に占める海外比率（特にアジア諸国）が大きく増加している点を見逃してはならない。また、日系製造業を対象にした海外展開に関する調査では、中期的（今後３年程度）に有望と考えられる事業展開先国としてＡＳＥＡＮ加盟国10カ国中、ブルネイを除く９カ国が上位20位にあげられており、上位10カ国にインドネシア(1位)、タイ(3位)、ベトナム(5位)、ミャンマー(10位)がランクインしている。その理由として上位に挙げられているのが、「市場としての魅力」である(国際協力銀行(JBIC)「わが国製造業企業の海外事業展開に関する調査報告」2013年度)。つまり、従来は「開発途上国」や「発展途上国」と呼ばれていた東南アジア諸国が、中国とならび、いまや、「新興国」・「新興アジア」と称されることからも示唆されるように、企業の関心は低廉な資源獲得を目指した生産拠点としてのみではなく、新興アジアの「市場のポテンシャル(のびしろ)」に移りつつあるのである。

長引く不況による日本国内事業の縮小を背景にした新興国市場の成長を取り込むための海外事業展開の拡大は、現地ニーズへの個別対応に関する戦略的重要性を高めている。これは現地市場の複雑性の増大と比例するように、本社への負担を重くしている。とりわけ、現地市場の複雑性の高まりや現地子会社の経営資源の蓄積が進む業種では、従来の本国主義的な経営スタイルに亀裂が生じはじめている。特に、人的資源管理の面での歪みは顕著であり、海外子会社の戦略的役割の増大への対応として、現地に棲み込み、現地の人材と共に製品開発や経営企画を立案する能力や、流通・販売チャネルの開拓やマーケティング力など、モノを売るための仕組み、つまりコトづくりを担うことのできる人材の育成

はじめに

が急務となっている。しかし、ここで留意すべきは、いま日本企業に求められていることが、モノづくりを捨てて、コトづくりへという安直な議論ではないという点である。日本企業の強みであるモノづくりの価値を最大化するためのコトづくりの重要性を認識することが大切であり、組織全体に新たな価値観を吹き込みながら、両者をダイナミックに連関させる事業の仕組みを構築していくことが喫緊の課題といえる。つまり、国の違いや多様性を、克服すべきものとして捉えたうえで、製品・サービスを標準化し、規模の経済を活かすグローバル戦略の重要性を生産面では追求していきながらも、企画やマーケティングなど現地市場適応への要請が高まる機能に関しては、異質性や多様性への適応を進めていかなければならない（Praharad & Doz 1987）。特に、「陸」のアセアンの中心に位置し、中所得国への仲間入りを果したタイは、日本企業にとって、これまでの生産拠点としての役割の重要性に加えて、「消費市場」としての魅力が高まっており、地政学的にも重要なタイを取り巻く企業の競争環境は、企業に効率化と差別化の同時追求というより高い戦略次元への対応を要請する。日系企業の東南アジア進出は、低廉な労働力や豊富な天然資源を求めた労働資源獲得型の進出を通じた「生産拠点」とみなすのみならず、堅調な経済成長に支えられながらも着実に消費力を付けてきた新興市場の取り込みを目指した

「現地市場獲得型」の進出という、両側面から理解していかなくてはならないのである。

本書は、こうした変化のスピードを肌で感じ、新興アジアのうねりの中で、本社と現地との板挟みになりながらも、日々試行錯誤を続けている（あるいはこれから赴任となる）ビジネスパーソンが、ふと立ち止まり、自らの置かれている立場や状況を俯瞰し整理することで、アジアの時代の日本企業の進むべき方向性を考察していく際の一助となることを目的に企画されたものである。本書の特徴を挙げるとすれば、以下の4点に集約することができる。

1つめの特徴：タイ最高学府であるチュラロンコーン大学とビジネス専門紙であるNNA社との3年にわたる共同プロジェクトの集大成

本プロジェクトは、共同通信グループ傘下でアジア各国でビジネス情報を発信する株式会社エヌ・エヌ・エー社（NNA）とタイ国最高学府であるチュラロンコーン大学サシン経営大学院日本センター（Sasin Japan Center）が共同で進めてきた『アジアの経営、日本の経営』と題したトップマネジメントへのインタビュー内容をベースに構成されたものである。この連載は、現地ビジネスパーソンを中心に多くの読者より支持をいただき、連載から3年を経過した現在でもプロジェクトを継続している。本書では、膨大な量のインタビュー内容のうち、日本企業の新興アジアビジネスにおいて有益であると判断した項目を抽出し、なるべく本人の言葉で忠実に記述することを試みた。また、読者が気軽に読めるような形で、難解な質問部分は極力省くことにした。経験に裏打ちされたトップの言葉の重みや情熱をそのまま伝えたいと考えたからである。

2つ目の特徴：多国籍・多業種の経営トップの知見を集約

調査対象となる企業を日系企業に限定せず、在タイ企業としたことで、優良タイローカル企業に加え、米国や欧州系企業の経営者からみた、タイ国における経営スタイルや課題について複眼的に捉えている。このように、タイを中心としたASEAN地域で活躍する異国・異業種の「経営者」の視点から、各企業が直面する経営上の課題を整理することで、そこに通底する問題意識の抽出を試みている。こうした作業を通じて、業種・国籍を問わず直面する普遍的な経営上の課題と日本企業特有の課題（日本企業の特殊性）を峻別することができる。本書で取り上げた企業は、いずれもタイ国において優れた業績を収めており、こうした企業の最高経営責任者もしくは、それに準ずる事業責任者への対面式のインタビューによって、かなり戦略的な次元からの知見を蓄積することができた。各インタビューのセッションは、平均で約2時間程度であり、短いもので90分間、長いものでは3時間を超える。日本人経営者には日本語で、外国人経営者には英語を用いてインタビューを行っており、多岐にわたる業種かつ多国籍の企業の経営陣の声を集約したものとなっている。

3つ目の特徴：経営トップによる日本企業へのメッセージ

本プロジェクトでは、各経営者（被面接者）の戦略的認識の前提に関する問題を整理する目的で、政治、経済、社会、技術に関する項目を事前に送付し、その上で、各企業の事業戦略とグローバルレベルの戦略の中でのタイを基点とするＡＳＥＡＮ地域、特にメコン経済圏でのビジネス展開の在り方について聞き取りを行った。なかでも、日系企業にとって最大の関心事の一つである「人材マネジメント」に関しては、入念に聞き取りを行い、各セッションの最後に、日本企業へのメッセージを語ってもらった。日系企業の経営陣の皆様には、当事者としての立場から日本企業に対するメッセージを発信してもらっている。また、非日系企業の経営陣からは、日本企業がタイに限らず、新興アジア諸国で事業を展開していくに際に取り組むべき課題や日本企業に特有であると思われる事業の「すすめ方」や「運び方」などについての見解を求めた。本書で取り上げた非日系企業の多くは、日本企業とのジョイントベンチャーを中心としたパートナーシップを組んでおり、彼（彼女）らの日本企業への激励を、日本企業のアジア展開の現状を映し出す鏡として役立てていただきたい。

4つめの特徴：本格的な方法論を導入

通常の新聞・雑誌記事の取材とは異なり、当初から研究調査としての利用を前提にプロジェクトを遂行していたため、インタビュー前に既存の二次資料を分析し、調査対象企業の動向を十分に把握した上で、インタビューに臨んでいる。調査手法としては、構造的な質問に加えて、被面接者の語りのリズムや対話の流れに沿ってインタビューを展開するために、状況や回答に応じて柔軟に、質問の内容、表現、順序を変化させる半構造化インタビューを採用している。インタビューの内容は、テープレコーダーによって記録され、速やかに文章化を試みている。また、各インタビューには、必ずアシスタントが同行し、インタビュー内容を議事録化し、これまでの議事録との比較や今後のインタビューの論点などを整理した。その上で、文章化された資料の分析を通じて、重要構成概念のコーディングとカテゴリー化を行いながら、雪だるま式に次の調査へと連鎖をさせていった。このプロセスで導出された発見事項を既存研究の知見やコンサルティング事例と比較することで、分析結果の妥当性の確からしさを高めていくためのトライアンギュレーションを行っている。

以上のような、特徴をもつ本書であるが、次に挙げる諸氏のご協力なくして、本書の刊行は不可能であったことを明記しておきたい。まずは、「アジアで奮闘する日本企業の皆様のお役に立てるのであれば」と連載プロジェクトの書籍化を快諾して下さったＮＮＡ社社長の佐井郁文氏及びＮＮＡ（タイランド）社社長プリーチャ氏、本書を世に問うことの意義をいち早く見出して、編集面での支援をいただいた佐々木紀行氏と谷田川惣氏をはじめとするカナリアコミュニケーションズ社の皆様、そして出版社との橋渡しをしていただいた、アセアンジャパンコンサルティング社社長の阿部俊之氏には心より御礼申し上げる。

本書のもとになっている長期連載である「アジアの経営・日本の経営」の取材の現場では、経営陣の方々との議論が白熱し、半日全てが面談で費やされることが多々あったにもかかわらず、嫌な顔一つせず、取材と編集のプロとしてご支援をいただいたＮＮＡ（タイランド）の八木悠佑氏と中島政之氏、南堂知子氏にこの場を借りて心より感謝申し上げる。また、各企業の経営者との日程調整や記事掲載内容の許可などにかかわる煩雑なやり取りを一手に引き受けてくれた瀬古清太郎氏、取材に同行してくれた由井慶氏、出版社との折衝や章立・構成に加えて、タイトルのアイディア出しなどを献身的に担ってくれた宮内努氏と星川望氏、そして日本語・英語での、膨大な量のインタビュー記録の文字起しを手伝ってくれた鶴谷勇介、林紗陽、米花亮祐の各氏（HIDA－JETRO－経済産業省プログラムより派遣の2013－4年度インターンシップ生）の熱意と根気なくして、本書がこのタイミングで世に公刊されることはなかったであろう。現在、HIDA－JETRO－経済産業省プログラムのインターンシップ生（2014－5）として、高橋祐児、辻塚秀幸、恒元邦彦、戸出貴智の各氏がチュラロンコーン大学サシン日本センターで日々格闘している。アジアの時代の「新生」日本を創りあげていく上で、彼らのような若者が、今後ますます活躍の場を拡げ、日本と新興アジア諸国の懸け橋として飛翔してくれることを心より祈念すると同時に、日本国としてさらに多くの若者にこうした機会を与えていく必要性を感じている。

また、本書のプロジェクトを遂行する前の段階から、非常に多くの方々のご支援を頂いている。学問の厳しさと、基礎理論の大切さに加えて、「学ぶ」ということの社会的意義を改めて問い直す機会を与えてくれた英国オックスフォード大学サイード経営大学院、米国ノースウエスタン大学ケロッグ経営大学院の諸先生方には深く感謝の意を表したい。特に、トモ・スズキ先生、Christopher Chapman先生、Richard Whittington先生、岡野浩先生の辛抱強いご指導がなければ、その後の筆者のキャリアは今とは大いに違うものになっていたはずである。この場を借りて深く感謝を申し上げたい。さらに、私に貴重な経営実践の機会を与えて下さっている多くの経営者の方々があるからこそ、理論と実践の往復運動が可能となっている。なかでも、神姫バスグループ社長の長尾真氏をはじめとする姫路市の皆様、森永製菓執行役員の山下充洋氏、マンダムタイランド社社長の松田哲明氏、積水化学工業海外事業本部長の藤原氏、波多江氏、吉岡氏、日本能率協会コンサルティング（タイランド）社長の勝田博明氏、そしてグロービスアジアパシフィック社代表の高橋亨氏には、経営実践の場で多くのことを学ばせていただいている。恥ずかしながら、どれほど机上で理論を勉強しても、実践の場では必ずといってよいほど壁に当たってしまう。しかし、多くの実務家の皆様が提供してくれる壁こそが、私の学問的探求の糧となっていることは間違いない。ここに記して深く感謝を申し上げる次第である。

最後に、まえがきと謝辞の締めくくりとして、これまで私を育ててくれた祖父母と両親、そして英国での生活を支えてくれた鈴木家の皆様にこの場を借りて深く御礼申し上げたい。

２０１５年１月末日

チュラロンコーン大学サシン経営大学院　藤岡資正

目　次

はじめに　2

第1章　タイで活躍する日系企業

マンダム執行役員
山下充洋氏
生活者に寄り添う海外経営　18
2012年6月15日インタビュー

CP明治社長
プラシット・ブンドーンプラセート氏
ビジョン共有が合弁成功の鍵　32
2012年12月12日インタビュー

タイ・ヤマハ・モーター社長
永島文秋氏
日本企業の「おごり」と「守り」を捨てる　41
2012年10月9日インタビュー

オギハラ（タイランド）社長
森田浩司氏
タイ人金型職人を育成し、東南アジア、インドへ 54
2014年2月22日インタビュー

ミツビシ・モータース・タイランド社長
村橋庸元氏
モノ作りの今後と経営論 66
2012年8月9日インタビュー

ハウスオソサファフーズ会長
谷原　望氏
分かりやすい商品を確実な販路で事業戦略と現地日本人経営者の責務 78
2014年10月21日インタビュー

目次

第2章 日本企業と成長するタイ企業

サハグループ会長
ブンヤシット・チョークワタナー氏
信用重んじ、多数の日系進出を支援 88
2013年6月7日インタビュー

ベタグロ・グループCEO
ワナット・テパイシッポン氏
巨人CPへの挑戦 日系と連携拡大 98
2012年6月14日インタビュー

DKSHタイランド社長
ソンブーン・プラシットチュットラクン氏
現地密着で市場開拓を支援 107
2012年6月8日インタビュー

第3章 アジア・世界に展開する在タイ企業

PTT社長
パイリン・チュチョタウォン氏
資源企業から知識ベース企業へ 118
2013年4月9日インタビュー

マイナー・インターナショナル最高財務責任者（CFO）
トライティップ・シワクリスクン氏
ホテル・外食の両輪で成長 127
2012年12月20日インタビュー

Bグリム・グループ
ハラルド・リンク最高経営責任者（CEO）氏
タイの近代化に貢献する独企業 138
2012年2月28日インタビュー

目次

第4章 日本企業へのメッセージ

第1章

タイで活躍する日系企業

マンダム執行役員　山下充洋氏

生活者に寄り添う海外経営

2012年6月15日インタビュー

●インタビュー企業：
株式会社マンダム
Mandom Corporation
化粧品製造販売大手。東南アジアの拠点として中国、インドネシアに製造工場を持ち、タイにカンボジア、ラオス、ミャンマーを統括する販売会社を置く。新興国市場での事業を拡大している。

●インタビュイー：山下充洋氏
Mr. Mitsuhiro Yamashita
株式会社マンダム
執行役員兼海外事業部長（当時）
森永製菓株式会社
執行役員兼海外事業部長（現）

土着化の経営戦略

——サービス・日用品を扱う日系企業のなかには、ＡＳＥＡＮ市場で経営戦略シフトができず、苦戦している企業もあります。一方、貴社のアジア戦略は成功モデルの一つとして認知されています。

山下：もともと弊社が海外に進出したのは、高尚な戦略・戦術があったわけではない。神戸、大阪、横浜などに来ていたアジアの華僑の商人が、日本で流行っていた弊社の「丹頂ポマード」を気に入り、お土産として持ち帰っていたのがきっかけだ。次第に現地で口コミにより商品の評判が高まり、海外で代理店をさせてほしいという流れに発展した。つまり、先に商品が海外に渡り、より良い価格で、安定提供する目的で海外進出に発展した。「何を買ってもらえるか、なぜ買ってもらえるのか」を素直に知るところから我々の海外経営は始まった。技術提携という形でアジアに生産拠点を構えたが、コスト削減のため、日本に輸出するという考えはなかった。当時のオーナーは、アジアに愛着があり、人との関係を構築し、現地の仕様で現地の生活者に受け入れられる商品の開発を目指していた。円安で現地通貨が高くなり、人件費が高騰したから拠点を移転するという、やどかり的な発想もなく、むしろ現地でいかに採算を取り、生き残るかということだけを考えてきた。

――グローバルに物事を考えながら、その地域（ローカル）に根付いて活動することを組み合わせた混成語「グローカル」という表現があります。これはもともと「土着化（他の土地で育った品種・農作物をその土地で品質改良し、どのように根付かせていくかを考える）」という日本のビジネスのやり方です。私はわざわざカタカナにしなくてよいのではないかと思いますが、御社の海外展開はこの土着化の実践のようです。

山下：私も土着化という表現の方がしっくりとくる。海外に出た以上、一人でも多くの生活者に受け入れられる価値を提供するしかない。受け入れられる価格や最低限守るべき仕様が何かを考え、日本の基準を疑って丁寧に確認する作業を行った。例えば、ふたを回すよりフリック（押し上げ）式の方が日本人は「簡便性が高い」と言うが、現地の人はそれに本当の価値を見出すのか。「グローカル」自体を意識していたわけではなく、商売の基本姿勢として、お客様に寄り添っていった。それを実践してきたところから日本では開発・販売していない白髪染めや少量のサチェット（小袋）タイプで販売するアイデアなどが出てきた。戦略的というよりも当時はそこに市場があったから海外に出たのが本当のところ。物質的だけではなく、心が「豊か」であったオーナーの意思や海外にかける情熱などがあった。オーナーはインドネシアの貧困層の生活者とも話ができるようなフラットな

マンダム執行役員（当時）の山下充洋氏（NNA提供）

方であった。私は、入社以来その方にずっと教えられてきたが、これが我々の海外ビジネスのベースにある思想だと思う。

一方、「安かろう、悪かろう」ではいけないので、日本企業として日本品質やブランド、いわゆる矜持《きょうじ》は大切にした。品質、香りの良さなど落としてはいけない部分は保ちながら、カートンボックス、小売箱など（包材）を極限までコストダウンする。日本はややもすれば、「よそが450グラムの紙を使っているからそれに合わせる」という、無意味に全く確認もせずに紙を肉厚にすることがある。そういうことに対して無駄を徹底的に省く。しかし矜持である中身の品質は落とさない。

アジア市場は日本と違い、値上げが可能な市場。日本の市場では、発売後に値段が下がっていくので、最初に利益を確保することを考えるが、アジアの消費者はインフレに慣れている。まずは薄利な価格設定でも新製品を発売し、認めてもらえるとシェアが拡大する。徐々に値上げすることで、利益率を改善していくことができる市場で、戦略的に価格を決めていく。最初に売れなかったら後で改善することはできない。どこまでなら利益を削れるかを検討する。最後の最後に価格に転嫁して消費者に「買っていただけますか」とお伺いを立てる。こういう順番を我々は細かく見ている。

外資企業として胸を張って商売する

――外資企業としての現地での経営姿勢とはどのようなものですか。「これだけは譲れない」というこだわりはありますか。

山下：外国の軒先を借りている外資企業は、新しい事業を創造することによって、雇用を継続的に創出することを求められている。効率化やコスト削減のために自動化を進めると、従業員は余剰となるが、事業さえ伸びていれば、別の仕事を余剰人員に任せることができる。

雇用創出やきちんと納税することで、自信を持って胸を張って商売ができる。環境についても汚水処理などに取り組んでいる。インドネシアでは、同国の規制よりも厳しいマンダムの社内基準を設定している。浄化処理した水は敷地内の池に流れるが、鯉が生息できる。コストは余分にかかるが、日系企業として社会貢献しているという精神的な全うさにこだわりを持つ。これがわれわれの生き様、日系企業のプライドと言える。

また、本社の利益代表である駐在員として、何を機軸におかなければならないのかということを考える癖がついた。例えば、「ギャッツビー」のブランドはマンダムに帰属している。現地のパートナーと協力して商品を売っていても、最終利益の取り方が違う。パートナーが、目先の利益を優先して倫理の「グレーゾーン」に踏み込んでしまった場合、「そこまで利益を上げる必要はない。それはマンダムのやり方ではない」と線の引き方を明確にした。

一方、パートナー側の利益代表にもならなければならない。「お前はどっちの立場で話しているのか、どっちから給料をもらっているのか」と本社に怒られることもあるが、二律背反（トレードオフ）の軸をぶらさずに本社とパートナーの双方に対して説明責任を果たし、現地で経営していくのが駐在員の重要な役割だ。

アジア通貨危機と事業再建

——アジア通貨危機から何を得ましたか。

1997～99年のタイ事業再建も、経営者として良い教訓となった。90年に設立したタイの工場が赴任当時、債務超過に陥り再建を任された。再建の準備を進めていた矢先の97年7月2日にバーツが暴落し、アジア通貨危機が発生した。

現地社員は経費を削り、接待もせず、買うべきものも買わず、やるべき販促もやらず、爪に火をともす状態だった。

それを見て申し訳なく思い、接待でも販促でも、必要なお金は使ってくれと言った。その代わり、そこから逆算して「これだけのお金を使うなら、これだけ売らないといけない。その差をどう埋めるかがわれわれの仕事だ」と言って、みんなで考えた。

どこに売るか。地方かバンコクか。中華街の問屋か大型スーパーかドラッグストアチェーンか。どうやったら売れるのか。出すものは出す一方、みんなで英知を結集すれば、その差は埋まる。結果として、98年後半は単月で利益が出るようになり、99年には本格的に軌道に乗った。従業員に前を向かせれば、組織が回り出す。150人の人員整理を迫られるなど辛い体験もしたが、修羅場をくぐったことで経営の実践を学び、自信につながった。

人材マネジメントとしての理念の共有

――タイの日系企業の間では、現地従業員のジョブホッピング（転職）が大きな悩みの一つになっていますが、全くそのような問題に直面していない日系企業もあります。

山下：ジョブホッピングを完全に無くすことは無理だ。ただ、それで諦めるのではなく、従業員を階層別に見る必要がある。下の層は50％が残れば良しと割り切る。上にいくほど、他の従業員や企業の業績に影響が及ぶので、その上の層は80％、さらに上の層は90～95％

を定着させる。どの層の人材が戦略的に重要なのか、財産となる人材なのかを考えていかなければならない。

世代別・部門別でキープレイヤーとなりそうな人材については、私自らが徹底的に話しかける。例えば、「こんな会社にしたい」「これを5年くらいでやろうと思っている。だから来年はこれをやろうと思っている」などとビジョンを語りかける。「原価低減が1%できたら、これだけお金ができて、それをこれに使って、そうしたらこれだけのテレビ宣伝のゴールデンタイムの枠を買えるね」、「やろうぜ」、「別にそれを儲けにしなくてもいいんだよ」、「使おうぜ」こういう話ばかりしていると目の色が変わってくる。トップが語りかける。

エリート意識も持たせる一方で、キツイ仕事を任せ、プロジェクトを任せるなど高いハードルを与えて、強靭に鍛える。「自分はこの会社に求められている。その先にこんなキャリアが待っている」と思わせれば優秀な人材ほど離職しない。そういう従業員が定着してくれるので近隣国にも進出できる。今はそうやって鍛え、一緒にやってきた彼らは各国で役員になっているので、電話一本で状況が把握できる。

従業員とは理念を共有することが大事だ。我々は、「お役立をする」、「生活者発、生活者着の商品開発」で、全員がチームの一員として「全員参画」し、共通の目的に向かってやるということを理念に掲げる。「この部分は俺に任せてくれ」、「俺は日本で仕上げられる部分を見ている」という様に全員が自分の役割を意識している。全員がピースであり、全員で埋めたときにマンダムというパズルが出来上がる。「ピースオブマーチャンダイジング（ビジネスの一端を担う）なんだよ」という言葉で教え、理解されたときにプライドと誇りと連帯感が生まれる。こういう経営の理想型を海外に広げた。意外と海外の方が、こういう理念を聞きたがる。アジアの優秀な人たちは自分のビジョンだとか、会社に長くいられるかということを考える上でこういう理念を基軸にしている事がこの20数年間で随分と変わってきたと思う。

――現地従業員の要職登用についてどう考えていますか。

山下：中国・上海にある販売会社の副社長は、シンガポールで新卒として採用して営業現場を10年以上やらせ、現職に登用したシンガポール人。台湾の副社長も、マレーシアで営業経験を10年積んだマレーシア人だ。これからは現地従業員の給料が日本人駐在員のそれよりも高くなる国がたくさん出てくる時代がくる。そうしないと転職していく。優秀な現地従業員を引き止める一つの対策として、本社籍にすることが挙げられる。

前述の二人とも本社籍にした。本社籍になれば、給料だけなく、将来のキャリアが開けるので、転職に歯止めをかけられる。その代わり第三国に出てもらい、業績を上げれば自国の社長になる可能性もある。彼らは日本人の下で10年間経験を積んでおり、「マンダムイズム」を理解している。一方、海外での経営経験者が減少する日本の将来を懸念する。英語など語学能力の低さが足かせになり、的確に答えを返せず、現地幹部社員がフラストレーションを感じ始めるだろう。

――そのような流れの中で外国人が本社でトップに就く可能性はありますか。

山下：理屈上はあり得る。それくらいしないと駄目だろうが、マンダムではまだ人材が育っていない。マンダムの海外売上比率は現在（2012年6月）32％だが、50％を超えたとき、コストや人材雇用、地政学的な面からグローバル拠点が日本であるべきなのかを考え直す必要が出てくる。

日本企業の海外展開の課題

――日本人の頻繁なジョブローテーション（配置転換）を問題視する声を多く聞きます。

どう思われますか。

山下：業績悪化を立て直すなど、特別な使命があるなら3年ほどでもいいが、現地トップを頻繁に交代させると現地従業員の士気に関わる。マンダムの海外駐在期間は5プラス1の6年が基本で他社と比べて長い。5年で目処を立て、次を考える。現地でもう一歩上の仕事をやるなら、さらに3~5年滞在する。家庭の事情などで日本に帰国するなら、最後の1年を後任への引き継ぎ期間とする。長期間駐在しないと言葉も、季節も、商戦期も分からない。私はシンガポールとマレーシアで計9年。タイは再建目的だったので3年だったが、次のインドネシアに9年駐在した。現地に腰を据え、納得するまで帰りたくないという気持ちだった。モチベーションが高く、優秀な日本人出向社員ほど、「これから面白くなるのに今帰国するのは勘弁してください」と中途半端に帰らない者が多い。

――同時に日本企業の意思決定が遅いという声も聞きます。正解のない中でその都度、最善の判断を積み重ねていくという意識改革が必要だと思います。

山下：現地と日本本社では臨場感・認識力が違う。インドネシア駐在当時にその違いを本社にどう説明しようか悩んだ時期があった。若かったこともあり、焦っているように見られ、理解してもらえなかった。東京は（第2次世界大戦の）終戦から五輪までの19年間で、新幹線、高速道路など現在の都市の原型を作った。

一方、コンピューターなどが普及した現代では、技術的にもスピードも日本の戦後復興や高度成長より早く、更に時間とお金をかけて作り上げた世界最先端の技術をタイなどの新興国は導入できるので、同じ成長がおそらく3分の1の時間で達成できるようになっている。即ち19年かかった成長が6年でできるのが現在のアジアと言える。発展のスピードが全く違うので、本社でのんびり議論をしているとその間に仮説や前提が崩れてしまう。本社にはそのスピードに合わせて意思決定していかないと目の前のチャンスを失い、利益を出せなくなるという意識を持って欲しい。現地・本社双方のスピード感が一致すれば、最善のタイミングと判断を逸しなくなる。これがアジアであり、進出しようとしている新興国で、それを理解している人材を送り込んで任せるべきだ。

——かつて日本の一流経営者は答えがない中で徹底的に試行錯誤してきましたが、最近はそうした傾向が弱まっていると感じますか。

山下：経営とは社会に対して、価値を創造する行為を指す。管理は現状掌握でありマイナスにならないだけだ。これが経営と管理の違いだ。現地のよい責任者とは、課題が明確で、数字と弱い分野、目的に言及できる。やはり基本は何をしなければならないかの優先順位付けと意思決定ができるかである。

海外でのパートナー選び一つとっても、とことん突き詰めて考えて答えを出すプロセスをないがしろにする日系企業は多い。結果的に、後になって目的を見失うケースもあり、パートナーの責任にしてしまう。海外に出るとき、なぜパートナーが必要なのか。具体的にどの部分の支援が必要なのかを本当に分析できていないのではないだろうか。技術、ブランド、資金、人材などが揃っているが、現地での流通チャネルや労務管理のノウハウが日本本社にないのなら、そこを完全に任せられる最高のパートナーを選ぶ。そうすれば、自社でもできないことなのだからと潔くなれる。自社のブランド製品を売らせてやるという態度では相手は一緒に仕事ができない。

また、海外に出て商売する際には、何を変えなければならないのか、何を変えてはいけないのか、をまずしっかり整理すること。容易に軸がぶれないように固めていかないと、海外に進出するともっとぶれる。現地の従業員はさらにぶれ、会社への信頼、忠誠心などにも影響する。日本人同士では暗黙の了解で成り立つことも、きちんと現地従業員に落とし込んでいかなければ伝わらない。日本の風土、雰囲気、社風と同じものが現地でできるまでには時間がかかる。海外に出る前に、まず自社のコアコンピタンス（核となるノウハウや強み）を整理することが大切だ。

【株式会社マンダム】

1927年に前身の金鶴香水が創業し、71年にマンダムに改称。58年に海外で初めてとなるフィリピンの提携会社の工場が稼働した。69年に最大の海外拠点となるインドネシアの合弁会社に続き、90年にタイ合弁会社マンダム・コーポレーション（タイランド）を設立した。

男性化粧品の主力ブランド「ギャッツビー」の認知度はタイでも広く浸透しており、男性頭髪市場でのシェアーはNo.1。近年は女性化粧品への取り組みを強化している。女性用メーク落とし「ビフェスタ」は2014年現在、国内のクレンジング剤市場でトップシェアを獲得している。

【山下充洋氏】

1987年にマンダム入社。2年目でシンガポール駐在員事務所の開設のために駐在を開始。その後マレーシア子会社の設立、タイ事業の再建に携わった。インドネシア上場子会社の社長を務めた後、08年から本社で海外事業部担当執行役員兼海外事業部長に就任し海外事業全体を統括。東南アジアでの駐在期間は通算で20年に及ぶ。2012年6月末で同社を退社。現在は森永製菓株式会社にて執行役員兼海外事業部長として海外事業に従事している。

CP明治社長 プラシット・ブンドーンプラセート氏

ビジョン共有が合弁成功の鍵

2012年12月12日インタビュー

●インタビュー企業：

株式会社 CP 明治

CP Meiji Co., Ltd.

食品大手の明治（当時、明治乳業）とタイ有数のコングロマリット、ジャルーン・ポーカパン（CP）グループとの合弁会社。国内のチルド（パスチャラライズド、加熱殺菌）牛乳市場でトップシェアを握るほか、輸出先のシンガポールの牛乳・ヨーグルト市場でもトップを走る。

●インタビュイー：

プラシット・ブンドーンプラセート氏

Mr. Prasit Boondoungprasert

CP明治社長（当時）

合弁の経緯

――どのように明治と合弁に至ったのか。その経緯をお聞かせください。

プラシット：親会社のＣＰグループは幅広い事業を手掛けている。食品事業は「飼料」「酪農」「食品」が３つの柱で拡大しており、人員を増やしている。ＣＰフーズ（ＣＰＦ）は、飲食事業にも力を入れており、ファーストフードの「チェスターズ・グリル」を約２００店、ファイブスター（ハーダオ）ブランドの鶏肉製品の販売を屋台の形態で、ハイパーマーケット内で約２５０店を展開している。ＣＰと明治との関係は、ＣＰが日本の明治に鶏肉を販売するところから始まった。当時、海外での事業拡大を図ろうとしていた明治と、タイ政府の政策に沿ったCPの考えが一致して手を組んだ。乳製品を通してタイと東南アジアの人々の健康を増進するというのが当初の目的だった。

CP明治は（1）東南アジア市場でナンバーワンになること――。現在はタイが中心だが、日本、シンガポールに輸出している（2）消費者の声に真摯に耳を傾け、小売店と協力して求めているものを明確に理解すること――。タイ、シンガポール、日本では、消費者の志向が異なる。日本ではより機能的なものが求められる（3）パートナーである小売り業者が求めていることを理解すること（4）最高品質の商品を届けること（5）これらを商品・サービス両面の向上を技術・イノベーションを通じて実現すること（6）企業の社会的責任（CSR）を果たすこと――を目標として掲げている。

――日本企業と合弁会社を経営する上での重要な要素は何でしょうか。

プラシット：大切なのは「信頼」と「コミュニケーション」だ。築き上げた信頼感を維持するためには、密接な経営者同士のコミュニケーションが必要となるが、この要素をおろそかにしている企業は少なくない。2〜3カ月に1回しか話し合わないのでは、相互理解を深めるのは難しい。私は日本人の副社長と毎週1時間程度、定期的に会う。特に議題がなくても、最新の情報を交換する。明確にお互いを理解するために通訳を通して話す。タイと日本の文化は似ている点と異なる点がある。両国の国民の多くが仏教徒で感受性が近いことには助けられる。異なる点は、日本人はとても規律がある（disciplined）が、タイ人は厳しくないところ。文化の違いを上手く融合させていく必要がある。

――CP側と明治側で、どのように役割分担をしていますか。

プラシット：ビジョンと目標を達成するために、「CP社と明治乳業社それぞれが有する価値とは何か」「事業面でお互いにどのような貢献ができるか」「どちらが何をして、相手に何を任せていくのか」を明確にした。私は製造工程に関与せず、明治から来ている日本人副社長に毎日の工場の運営、製品のQA（品質保証）、QC（品質管理）プロセスを全部任せている。工場を視察する時も、私に貢献できることはほとんどないので従業員の働きぶりなどを見るだけだ。その代わりに、CPがマーケティング、販売、人事、IT（情報技術）、ロジスティクス、戦略、投資などの面を担当する。人材や販売などでいくつかの部分については、日本人副社長に協力してもらっている。CPと明治がお互いに成長していくための役割分担が、うまく作用している。

日本の完成度がすべてではない

――お互いの理念などで調整していかなければならない点は何でしょう。

プラシット：消費者の目が厳しく、競争が激しい市場で生き残るために、日本人は商品の細部まで細心の注意を払う。商品の品質、パッケージ、デザインを考え抜く。ただ、日本企業はタイでも同じ姿勢を貫こうとするが、日本以外の国の消費者はさほど細部にこだわらない。海外に出ても、日本から（商品やサービスなど）全パッケージを持ってきて、同じ手法で仕事をしようとするので、物事が進展せず、コスト高となる。一方、中国企業は新市場に商品を投入する場合、スピーディーに進展させる。２～３カ月でやることを、日本では４年かけてやる。善し悪しではなく、そのスピード感に違いが存在する。

また、日本企業は、タイの消費者の求めるものは日本人と同じだと考えがちだが、重要と思われるパッケージの完成度などに対して、日本の消費者は敏感だが、タイや他の国ではさほど重視されないということを理解することが難しい面がある。消費者の要求に応えようとする考え方は同じだが、日本企業は意思決定までの時間が長く、仕事が進まない。

それは時として、競争力を失うことを意味する。

――そうした課題を克服するために、どう取り組んでいますか。

プラシット：どのような商品投入のプロセスを採用すれば、合弁相手の明治と快適な仕事ができるかを考えている。明治は新商品を発売するとき、パフォーマンスや包装などの試験を実施する。CP明治もそのプロセスを採用しているが、商品化のスピードを上げるため、要件を変える。商品を手にしてもらうためのパフォーマンス試験で消費者に点数を付けてもらう場合、日本では80％以上の完成度が求められるが、タイでは70％であれば商品化する。品質を落とすわけではないので十分。求められているものが異なるからだ。日本とタイの違いをお互いがすり合わせていかなければ、関係が悪くなる。この違いを調整するのに苦労している合弁会社は少なくない。

CP明治社長（当時）のプラシット・ブンドーンプラセート氏（NNA提供）

――韓国や中国のメーカーは余計な機能を取り除いた製品でシェアを伸ばすなか、日本のメーカーは、自分では高品質と思っていても、実は現地では過剰品質になってしまうことがあります。

プラシット： 商品の仕様をすべて変える必要はないが、海外でビジネスをする限り、現地で求められる水準に品質などを合わせていかなければならない。現在でもCP明治の包装は、他社よりはずっと優れており、タイでは過剰水準だ。包装にさらなる品質向上を求めれば莫大なコストがかかり、他社との競争が厳しくなる。味も日本の消費者が好むものと異なる。日本人が「これは駄目だろう」という商品ほど、よく売れることがある。

また、製品のニーズに関してはCPが責任を持っており、製品へのリスクの考え方は中国メーカーと異なる。日本のメーカーは、0・1％のリスクに備えて新たな機能を追加する。一方、中国の許容範囲は1％で、消費者もそのまま受け入れる。CP明治でも似たようなことが起こっている。導入している生産機械の大半は投資費用の大きい日本製で、競合他社との競争で不利になるが、中身に関しては高い技術への投資をいとわないCP明治だから受け入れられる。

CPと明治はともにブランドを大切にし、イノベーションを伴う高品質の商品を提供する理念を共有しているので高価な機械設備に投資できる。日本企業は現地パートナーを探すとき、フィロソフィーが合う相手を注意深く探す必要がある。

日本企業の課題

――日本人経営者が頻繁に代わることを問題視しますか。

プラシット：ＣＰ明治の日本人副社長は４～５年で交代する。代わることは納得できるが、副社長の後継者をあらかじめ赴任させておき、副社長が帰任したらその部下が引き継ぐようにすることが最良の方法だと思う。現状では、全く新しい人を連れて来て入れ替えている。基本的に日本人副社長は、生産部門の出身だが、経歴が微妙に異なる。生産効率改善に注力する人もいれば、生産システム全体に気を配る人もおり、こちらも環境の変化に適応する必要がある。

――それ以外で日本企業に対して感じる点はありますか。

プラシット：経営層や技術部門などの承認を取る必要があり、意思決定に時間がかかる。タイで働いている日系企業の従業員はとても優秀で素晴らしいプレゼンテーションを行う。だが、帰国して親会社の経営層に、生産だけでなく、市場環境、製品開発などをすべて短時間でプレゼンして理解してもらうことは難しい。現場にいない日本本社が、変化の激しい現地市場に関する決断をタイムリーに行うことは難しいだろう。日本のやり方がすべて悪いわけではなく、よい面もたくさんあるが調整する必要がある。

――日本企業が海外で成功するために必要な条件は何でしょうか。

プラシット：タイを含む進出先の政府のシステムを理解すること。日本とタイは宗教上、理解しやすいが、投資の慣行などは異なり、進出前によく理解しておく必要がある。また、現地にいない日本の経営陣に市場を理解してもらうこと。例えば、私や日本人の副社長がある計画を提案しても、経営陣は高い潜在的な成長性の数字を疑う。牛乳市場は20％の成長を続けている。0・5％の日本からは信じられない数字のようで、日本企業にとって今が海外投資の好機だということを理解してもらうことが課題だ。

――海外に投資するにあたって、どのような戦略が日本企業に求められるでしょうか。

プラシット：日本市場は成長が見込めない。さらに日本円は他の通貨と比べて価値があり、海外に割安で投資できる大きなチャンスだ。また、海外で事業を拡大するときに忘れてならないのは、適切なパートナーを見つけること。理念を共有できる信頼できるパートナーを見つけることが、成功の鍵を握る要素となる。

【株式会社 CP明治】

1989年に明治（当時、明治乳業）とタイ有数の企業グループであるCPグループの共同出資で設立された。明治の技術を注ぎ込んだ製造ラインと品質管理体制によって、安全でおいしいチルド牛乳やヨーグルトなどを生産・販売する。

2013年には海外初となる「明治ブルガリアヨーグルト」の生産・販売を開始。フレッシュでなめらかな舌ざわりとヨーグルト本来の爽やかな酸味を持つ、これまでタイの市場には無いタイプの商品を投入した。CPグループは幅広い事業を手掛け、食品事業は「飼料」「酪農」「食品」が３つの柱。食品部門CPフーズ（CPF）は、飲食店チェスターズ・グリルや、ファイブスター（ハーダオ）ブランドの販売ブースを展開している。

【プラシット・ブンドーンプラセート氏】

(Mr. Prasit Boondoungprasert)

地場の投資銀行、大手会計事務所アーサー・アンダーセンのタイ法人（後にKPMGタイ法人と合併）を経て、CPグループに入社した。CPFのアディレーク社長兼CEOのアシスタントを２年半務めた後、CP明治社長に就任。

タイ・ヤマハ・モーター社長 永島文秋氏

日本企業の「おごり」と「守り」を捨てる

2012年10月9日インタビュー

●インタビュー企業：
株式会社タイ・ヤマハ・モーター
Thai Yamaha Motor Co., LTD.

２輪車製造販売大手ヤマハ発動機のタイ法人。最も古い海外拠点で、アジア事業をけん引する役割を担う。地域別では日本を除いたアジアが海外売り上げの46％を占める大市場となっており、調達・開発機能の強化も進めている。

●インタビュイー：**永島文秋**氏
Mr. Fumiaki Nagashima

タイ・ヤマハ・モーター　社長（当時）
ヤマハモーターパワープロダクツ株式会社
ゴルフカー事業推進部
事業推進部長　参与（現）

東南アジア事業の位置づけ

――タイ事業の概略とヤマハ全社としての東南アジア事業全体の位置付けについて教えてください。

永島：10年ほど前は、ホンダがタイの市場シェアの80％以上を占めていた。「オートバイと言えばホンダ」というイメージが浸透するなか、ヤマハのシェアは7～8％程度で、シェアを上げるのに苦労した。販売台数は東南アジアでインドネシア、ベトナムに次いで3番目だが、タイは設立が最も古く、一番熟成しており、全アジア事業をけん引するのが一つの役目となっている。ヤマハ発動機の売上高を事業別に見ると、オートバイが6〜7割を占める。オートバイ事業は少し前まで販売単価の高い米国市場の比重が大きかったが、今はアジアが背負っている。東南アジアの販売台数は売上高の半分、利益の8割を占めている。会社全体がインドネシア、ベトナム、タイにかかっているという状況。今後は依存の軽減を図り、インドやブラジル、中国で伸ばしていく。

日本型マネジメントへの移行と人材マネジメント

――2000年に出資比率を51%に引き上げ、日本人が中心となるマネジメントに移行しましたが、直面した問題などはありましたか。

永島：社内での関係については、タイでも、米国、欧州、中国、インドネシアでも基本的に人間対人間。「会社は人」という基本理念をしっかり持っていれば問題ない。「タイでは子供の頭をなでてはいけない」というのは教えられないと分からないが、「タイ人は人前で怒ると嫌だ」というのは万国共通だと私は思う。しかし、日本人管理者に対するタイ人の反発はあった。外部からコンサルタントを招いて、チームワークセッションを行った。タイの人がどのように日本人を見ているのか、日本人がどのようにタイ人を見ているかというのをお互いに認知させながら、やって欲しいこと、やって欲しくないことを明確にしてお互いに反省していくという。これを5年ほどやった。お互いが理解不足で、「気に入らない」、「いうことを聞けない」、「仕事をしていない」とお互いに思っていた。このセッションを通して関係が改善した。

――従業員を引き付ける秘訣は何ですか

永島：やはりコミュニケーションだ。経営層が何を考えて、どうしたいかをきめ細かく会話できているというのが強み。当社は4000人規模の会社としては珍しく労働組合がなく、トラブルも少ない。離職率も低い。私たち日本人だけではなく、タイ人幹部でも、従業員を大切にしなければ成り

タイ・ヤマハ・モーター社長（当時）の永島文秋氏（右）

立たないという当たり前のことをよく分かっているので、彼らの声に真剣に耳を傾ける。給与・賞与などについては、200人のタイ人マネジャーを通じて従業員に伝える。日本人とタイ人、経営陣とタイスタッフのコミュニケーションに問題がないかを探る目的で、年に2回全員を集めて無記名アンケートを実施し、真剣にコミュニケーションの改善に取り組む。去年よりどうだったかという点を明らかにする膨大な項目数に及ぶアンケートだ。みんなしっかり書いて提出して、我々もそれを真剣に分析する。日本人とタイ人のコミュニケーションがどうかという質問に対して、去年より点数が悪いと「なぜだ」となる。いろいろな項目を真剣に受け止めて評価の下がった理由を経営会議のメンバーで調べ、対応できるものは改善しなければならない。

「給料が安い」などは簡単には変えられない。しかし真剣に聞いて、真剣に考えてフィードバックをする。「これはやりたいけれど、ここはちょっと今期の業績では難しいね」と、そういう話をしっかりする。なるべく結果を出してあげようという姿勢を買ってもらっていると思う。コストや労力はかかるがコミュニケーションをこれだけ大切にしている、現場の声に耳を傾けているという姿勢を見せることが大切である。

今後のタイの事業展開

――高級オートバイの数が街中で増えているように感じます。タイでは今後、どの製品にもっとも力を入れていくのでしょうか。また、周辺国で有望な市場はどこですか。

永島：タイでは大型オートバイの需要が増している。オートバイを中心としつつ、米国や欧州の拠点のように、弊社が手掛ける商品全てを扱うようにしたい。私の赴任する前から販売している船外機をさらに強化するほか、伸びしろのあるゴルフカーや、汎用エンジン、発電機、産業用ロボット、電子部品実装（SMT）関連機器、農薬散布などに使用できるヘリコプター、フィッシングボートを含む高級ボートなど、幅広い商品ラインアップの強みを活かし、相乗効果を生みたい。他の商品でブランドイメージを上げて、オートバイが売れるようになることを考えている。ライバルと比較した中で自社の強みは何かということを考えると、この部分で違いを発揮できると考える。

タイの周辺国では現在、ラオスはタイ・ヤマハの管轄。本社の管轄のカンボジアとミャンマーは、タイでやれば良いと考えている。ミャンマーは潜在性を有しており、将来は単独でやる可能性もある。

――ものづくりのグローバル化を推進する目的で、オートバイの研究開発（R&D）拠点をタイに設置された。域内で最大の市場であるインドネシアではなく、タイに設置した意義とは何でしょう。AEC発足を見据えた動きでしょうか。それともタイを基点としたメコン戦略の一環でしょうか。

永島：タイの弊社の敷地内に2012年、「ASEAN（東南アジア諸国連合）統合開発センター」を設置した。従来からアジア地域で調達を統括するヤマハ・モーター・アジアン・センター（YMAC）が担っているR&D・生産技術の機能を強化・加速するためだ。駐在員を増員し、周辺国や中国、インドを含め、品質を落とさずに一番効率的に調達するコンセプトだ。

125ccクラスのスクーター開発くらいは、現地でやらないと生き残っていけない。中国メーカーもインドメーカーも自国で生産しているのに、技術力のあるヤマハが現地でできないはずはない。タイでは具体的な時期は明示できないが、125ccクラスをゼロからやるという方向性を描いている。

経済圏が一緒になってもならなくても、ヤマハはそれ以前から同じモノをより多くの国で売るのが一番いいという「プラットフォーム戦略」の考えでやってきた。1つのモデルを3カ国、たとえばマレーシアもカンボジアも、ミャンマーもというようにすべての国で同じものを売る。できればASEANで同じモデルを売りたい。米国と欧州、オーストラリアもできればより良いという発想だ。

現地化と国際化

――海外展開している大手製造業の多くが売上高に対する海外依存率を高めています。ただ、日本の企業は、進出先でもトップは日本人で、本社との調整も日本語で、日本人同士でガバナンスを効かせる経営スタイルが一般的です。貴社はどのような方針でしょうか。

永島：前々代の社長のときから、現地人を現地のトップに、本社の役員に外国人を登用するという理想は持っているが、現状では20人以上いる執行役員の中に外国人は一人もいない。欧州に駐在していた当時は、欧州統括会社ヤマハ・ヨーロッパの社長は日本人だったが、その子会社である各国現地法人のトップの8割が現地人だった。さらに現地化が進むと思ったが、彼らが定年を迎えて次世代の教育に時間がかかり、少し時間軸が逆戻りした感がある。世代の入れ替え時期に入ってしまったが、いずれ外国人が役員レベルに上がるだろう。

――英語能力のみならず、現地化と国際化が日本企業の一番の問題点とよく言われます。国際化というと日本から見た外国を日本企業はイメージしますが、実は日本本社の「内なる国際化」が、必要であるという声もあります。

永島：私が本社に報告に行く時はタイ人の副社長を帯同させ、経営会議では副社長に英語でプレゼンをさせる。質問も回答も英語で、役員会に出席する8割は対応できる。英語力の向上を目指したというより、多種多様なモノを世界でいろいろな人と話し込みながら細かく売ってきたので、必然的にそうなった。あくまでも経営層と海外にいる駐在員に限った話で、日本にいる大多数の従業員は海外に行ったことがない。出張者も経験不足で現場が分からず、会話も上手くできないことがある。もっと彼らに経験を積ませたい。

――タイ人の経営幹部は日本的なマネジメントの問題として意思の決定の遅さを真っ先に挙げます。会議でプロジェクトの話を詰めても、最終的には本社で物事が決まるので、現地のトップが本当に会社を代表しているのかが分からない。任期も3

～4年程度なので、関係をさらに深められない。方針に継続性がないので日系企業の現地人幹部は、コミットするよりも波風を立てないようにする傾向があると指摘されます。

永島：全くその通りだが、日本企業に限らずインテルでもBMWでも、高度な製品を作る企業であればあるほど、そうせざるを得ない。現地が全て開発して作れる水準に達せられれば、全権限を移譲できるだろう。オートバイの開発にも様々なランクがある。すべてまっさらな状態から作る「Aランク」もあれば、少し形を変えるだけの「Cランク」もある。その中間の「Bランク」の製品をタイで独自にできるようになれば、1から10まで任せられる。現地の従業員に理解してもらうのは非常に難しいが、自国で開発から全てを完結できる会社になったときに、拠点長が全て判断できるようになる。しかし、実際現場ではこういうトップエンドのプロジェクトではなくてCランクでさえ任期中に本社と揉めるのは嫌という拠点長が大半で意思決定が遅れる。私は拠点長である以上、本社と揉めることを避けずタイの4000人の従業員のため、市場にとって何が一番大事なのかを考え開き直って覚悟を決め、スピード感を持って意思決定をしている。

――日本で経営者を前に講演し、新興国に目を向けて展開を図ることが重要というと、必ず出てくるのが、空洞化への悲観論です。空洞化の意味を正しく理解することが必要であると考えます。

永島：ヤマハの本社がある静岡も二輪車、四輪車が地元経済を支えている地域で、どんどん海外に移転していかなければならないが、なんとか守ろうと一生懸命にしがみつく。1年先に延ばしても、結局は海外進出しなければならない。山に今登るのか、1年後に登るかの話だ。遅くなるほど会社の体力も落ち、資金も減っていくので、いま出るのが最善だろう。

ヤマハで海外移転と言うと2つの問題が起こる。世界で一番走れる性能を持つオートバイは、日本しかできないと思っている「おごり」と同時に、その技術を海外に出したら自分たちが将来、生き残れないという不安から来る「守り」が交錯する。タイでは高度な大型オートバイの開発はできないから日本でやると言う。確かに最高峰のものはできないが、125cc程度の技術ならばできると切り返すと話がすり替わり、「それを海外に出したら本社はどうやって生き残るのか」という守りの体勢に入る。

日本でやってきたことをどんどん外に出さないと、現場で勝てない。移植しないから現地で判断できず、スピードも遅くなる。本社は「Bランク」水準の開発は日本でやらないからタイで勝手にやれというくらいの覚悟が必要だ。日本は消費材の開発・製造で世界一になったので、これからも新しいものを生み出し続けていく道しか残されていない。守りに入った時点で負け。中国や韓国、インドに負けてしまうと恐れるよりも、追い付かれ、追い抜かれたら、また追い越す。どれだけ上を極めて行けるかが大事だ。

――ある程度、経済が成熟してしまうと、若い世代があまり国の将来や人間としての普遍的な価値観などを考える機会がなくなってしまう。

永島：かつて全世界に拠点を築いたヤマハのパイオニア世代は、今より積極的に、挑戦的に、下手をしたら命がけで各国に進出し、基盤を築き上げてきた。海外進出した他社も30～50年前はそうだったはずだ。その精神が失われた理由は、まず豊かになったこと。もう一つはすべてが論理思考の米国式教育に傾倒しすぎたことではないか。米国でMBAを取得したから会社の経営ができるという錯覚に陥ってしまう。実際の経営は、理論通りや予測通りにならない。それが本社と現場の間に距離があると、余計に分からなくなる。現場にいる人はすべてを背負って覚悟を持って、意見が対立したときは、事実に直面する現場の方が正しいという気概を持っていなければならない。

――海外進出を決断しきれない中小企業の経営者に向けたメッセージをお願いします。

永島：冷静に考えれば選ぶべき道は少ない。難しい選択を迫られていると思っていても、日本に残っても将来がないので進むしかない。その時になぜ迷うかというと失敗する怖さがあるからだ。企業のトップであれば、覚悟・勇気を持って進まなければならない。海外に出たら失敗するか成功するか分からないが、挑戦するしかない。負けるのが怖くて一歩踏み込めない気持ちを克服するしかない。空手も同じで、強い相手に踏み込むしかない。踏み込まずに逃げ続けたら勝ちはない。

今の日本には、10回挑戦して9回負けても1回勝てば良いという教育も必要だ。優劣を付けるのではなく、勝てる時でも油断していると負けるということを教える。部下に対しては、『責任は自分が取るから、どんなに厳しくても失敗を恐れずに、楽しみながら仕事に挑戦してくれ』と言っている。

【株式会社タイ・ヤマハ・モーター】

ヤマハ発動機の最初の海外製造子会社として、タイのサイアム・モーターと合弁で1964年、サイアム・ヤマハとして設立。2000年に合弁相手から株を買い戻して社名を変更した。バンコク東郊サムットプラカン県に本社工場を構える。ヤマハ発動機の海外売上比率は約9割で、地域別では日本を除いたアジアが46%を占める大市場となっている(2013年12月期)。

【永島文秋氏】

静岡県出身。慶応大学工学部に進学後、空手家の大山倍達氏に弟子入りし、黒帯を取得。卒業後、ヤマハ発動機に技術系で入社。海外サービス部を経て、1989年にインドネシア法人、94年にオランダの欧州統括会社に赴任。日本で中国統括部などを経て、06年に米国法人の副社長として赴任。09年1月にタイ・ヤマハ・モーターの社長に就任。現在はヤマハ発動機の子会社ヤマハモーターパワープロダクツのゴルフカー事業推進部で事業推進部長を務める。新極真会・静岡西支部の支部長としての顔も持ち、バンコクでも道場を主宰する。

永島社長(NNA提供)

タイ人金型職人を育成し、東南アジア、インドへ

オギハラ（タイランド）社長　森田浩司氏

2014年2月22日インタビュー

●インタビュー企業：
株式会社オギハラ（タイランド）
Ogihara (Thailand)Co.,Ltd.

自動車用金型大手。1989年にオギハラ（タイランド）を設立したが、2009年にタイの自動車部品大手タイ・サミット・グループの傘下に入った。主に日系自動車メーカー向けの金型、板金部品を手掛ける。

●インタビュイー：**森田浩司**氏
Mr. Hiroshi Morita

オギハラ（タイランド）社長（当時）
CEO兼副会長（現）

事業概要

――オギハラ（タイランド）の概要・事業内容をご説明ください。

森田：日本のオギハラが58％、タイ・サミット・グループのオーナーであるソムポン氏が25％、伊藤忠商事グループが17％を出資している。従業員数は526人で、うち日本人が6人。売上高は25億バーツで、もともとは金型メーカーとして設立されたが、今では売上高の8割を板金部品が占め、大半がトヨタ向けだ。残り2割の金型は、国内の全自動車メーカーと取引があり、半分は欧州や南米などにも輸出する。

――同様に金型を製作するタイ・サミット・グループとの棲み分けはどうしていますか。

森田：私が赴任後にタイ・サミット傘下に入ったが、経営については今のところ大きな変化はない。ただ、お金に対してはとてもシビアになった。中長期視野に立っていたオギハラと比較し、タイ・サミットは短期的な配当などを気にする。同業なので、トヨタ以外の仕事で競合しないよう気を遣う。タイ・サミットはもともと金型をやっておらず、オギハラ（タイランド）が主力とするトヨタ向けの板金事業も基本的にかなり少ない。金型事業で技術的な部分の協力はない。お互いに遠慮しているのか、向こうにプライドがあるのか。

――タイでの金型作りの現状はどうでしょうか。

森田：日本のオギハラと同じ機械を使い、金型作りを25年やってきたので、相当良い金型を作れる自負がある。日系向けのほか、（イタリアの）フィアットや（フランスの）プジョー向けのドアなどの外板部品を輸出している。生産能力は違うが、オギハラの1970〜1980年代の一番よかったころにやっていた作り方が、タイに移ってきている。日本では機械で金型を作るが、タイでは人手に頼るので、技術工の腕は上がる。手直しが多いので、技術はタイのほうが進んでいる。設計はCAD（コンピュータ支援設計）で2次元と3次元のいずれにも対応できるが、取引先の要望に沿って2次元で設計する。一方、コピー型の需要が多く、半分を占める。

――コピー型とは支給された現物の金型を御社でCADを使って作るのでしょうか。

森田：日本にある「アコード」や「シビック」、「カムリ」などのいわゆる親型とまったく同じもので、部品か金型の現物をデジタルスキャンして金型の想像図をCADで作る。だから元の金型に不具合があると、それも再現してしまう。ただ、設計図を作らなくても復元できるので、納期が大幅に短縮できる。日本はこうしたやり方をしないので、コピー型製作の技術はタイの方が進んでいる。

――先日、タイの金型協会会長に、「タイの金型技術のレベルはどのくらいか」と聞きましたが、タイを100とした場合、日本は150、中国はタイと変わらず、インドネシアは75と評価していた。タイと日本の金型技術の差をどう見ていますか。

森田：差はさらに縮まっている。善し悪しが鮮明に出るボディーサイドとフェンダーの曲線が一流かどうかの基準となるが、これもタイでやれる。2007年以降、日本から金型を持ってきたことは一度もない。インドやパキスタンにもタイから出している。課題は生産能力と納期だ。ドアを4枚作る場合、外側と内側で計8枚、1枚当たり4つの金型で計32型が必要となるが、設備の制約上、同時にできない。ただ、当社の二次下請けもタイで金型を作っている。タイでは人海戦術に頼るので納期に多少時間がかかるが、コピー型であれば設計が不要なので、大幅に短縮できる。

――ASEANの中でやはりタイが裾野産業の生産拠点となりますか。今後の域内分業体制についてお聞かせください。

森田：金型は一品生産で、大量生産できない。大手の機械・家具メーカーなどの裾野が広くない

オギハラ（タイランド）社長（当時）の森田浩司氏（NNA提供）

といい金型ができない。タイの強みは金型製作に必要なものが半径10キロ内に全部あること。インド、パキスタンは金型を、インドネシアは鋳物をタイから輸入するが、今後はこうした分業がさらに進むだろう。

労働組合の廃止―社長が利益代表

――貴社は非組合工場と聞きましたが労使関係はどのようになっていますか。

森田：07年に私が着任する以前は労働組合があったが、私宛に年に2回、何でも好きなことを書きなさいと従業員に手紙を書かせている。赴任当初は「日本人の任期は数年間で、ゴルフやカラオケで遊び、利益を出さずに、我々を搾取している」という意見が目立った。私はまずビジョンを語り、取締役や株主に対して会社側ではなく、従業員の側に立つからと約束し、組合を解散させた。その代わりに全部ガラス張りにすると、財務状況も社内報に出す。取引先に利益率がわかってしまうという慎重な見方もあったが、売上高と利益を公表している。

賃上げと賞与については、労使交渉がないので取締役会や株主総会に出席する私が、取締役らとかけあって社長以下全員で勝ち取るという形を演出する。翻訳ソフト機能があるフェイスブックで従業員とコミュニケーションをとるほか、各部署の代表者と月1回の親睦会や従業員の誕生会を開催して交流を図る。弊社と同じ規模の会社を選んでスポーツの定期戦をやるほか、制服のデザインや食堂のメニュー変更、送迎バスの停留所を増やすなど、お金をかけずにできる従業員の要望はすぐにやる。

従業員定着で品質向上

――人材の育成・定着の状況はどうでしょうか。

森田：一番誇りにしているのは離職率の低さだ。06年は60人と300人のうち2割が辞めた。5年で全員がいなくなる計算だ。だが、12年は3・9%、13年は435人中わずか8人で1・8%に下がった。離職率が下がり職場の安全性が改善すると、製品の品質も上がる。敷地内に設けた研修センターで行われる新入社員教育を皮切りに、図面の読み方、トヨタ生産方式を独自のテキストで教育している。PPM（部品100万個当たりの不具合）は06年に18だったが、現在はコンマ台となり、過去4年間で3回、トヨタの品質優秀賞をもらった。不具合が出たら私が現場に行き、日本人が参加するミーティングをして減らす。

当社の従業員は高卒以下が全体の53%、職業訓練校卒が15%を占め、大卒はわずか。そこで就学を奨励しており、及第点を取ることと、5年間は会社を辞めないという条件で、夜間高校なら年間4万バーツ（2015年1月のレートで約14万円）、大学院なら年間12万バーツの授業料と本代を支給する教育プログラムを実施している。また、キャリアパスを考えて、財務部門で人材を募集するときに、会計の資格を取っていれば、最初に応募できるようにする。社内公募で見つからない場合だけ、外部から募集する。100人ほどいる派遣社員も1年間、無遅刻・無欠勤なら正社員となり、教育プログラムを受けられるようになる。

――質の高い金型職人の育成は難しいと言われるなか、貴社が成功している秘訣は何でしょうか。

森田：優秀な金型職人の育成には10年かかるとも言われるが、当社は4年先まで仕事が埋まっており、忙しい環境下で覚えも早くなる。タイ人は真面目で、すれておらず、優秀だ。「タイ人は時間を守れない」などと批判する人もいるが、日本人がコミュニケーションできずに伝わっていないだけ。私が22年間いた米国でも「アメリカ人は適当」だとか悪く言う人はいたが、実際はうまく伝えられないだけと考えている。

今後の事業展開—金型業界とモジュール化

—今後はどのようにリージョナル戦略を展開するつもりですか。

森田：インドには4年前に進出。オギハラ（タイランド）が49％、現地の板金大手JBMが51％出資し、トヨタの工場敷地内（南部カルナタカ州バンガロール）に板金工場を構え、トヨタの足回り、補強部品などを手掛ける。従業員400人でオギハラ（タイランド）から日本人1人、タイ人1人が出向している。品質は当初、144あったPPMがタイと同様に下がり、14年に入ってゼロの月もある。これまで日本人に怒られる生徒役だったタイ人は、研修に来たインド人の指導役を担当し、意識が変わり、士気が上がり、頼もしくなった。

パキスタンではトヨタの現地法人インダス・モーターの合弁相手であるハビブ財閥（HOH）から板金部品を現地生産したいという要望を受け、カラチに工場を建設中。14年6月には稼働し、トヨタ向け板金部品を手掛ける。タイ人5人が現地に入っている。

フィリピンでは当面の間、提携する地場企業に技術支援をする。グローバル化を進めるトヨタが洪水リスクの分散をにらみ、タイで作っていた部品を現地化する。タイで開発するトヨタのIMV（世界戦略車）などを、インドやパキスタン、フィリピンなど他社が行かない国で支援し、タイではやらない部品もやらせてもらう相乗効果で受注拡大につなげる戦略だ。

――日本と米国自動車メーカーの製品開発過程での違いは何でしょう。

森田：日本の自動車メーカーは、クレイモデル段階ではサプライヤーを絞り込まない。ブラックボックスでやるデンソーやパイオニア、タイヤメーカーなどはともかく、当社のようなグレーボックスのサプライヤーは設計図が出てから、「この製品つくれますか」となり、変更できる部分は限られている。一方、米国のビッグ3（GM、フォード、クライスラー）は、クレイモデルに分割線を入れる段階からサプライヤーを呼んで一緒にやっていた。

――日本のモノ作りはゲストエンジニア制度や、擦り合わせ型、米国はモジュール型と言われますが逆ですね。

森田：米ビッグ3もかつて好調だったころは製品設計やプロセスエンジニアを多く抱えていたが、1970～80年代にデザインと金融と販売、最終組立を中心に残し、多くの開発作業を外注に出してしまった。今や当社のような部品メーカーの力なしに製品設計ができない。身軽で金融や販売などで短期的な利益を出しやすいが、モノ作りの根幹を外に出してしまい、弱体化の要因にもなった。米国では金型業界も淘汰された。日本の自動車メーカーは今でも自社でやる。

――電気自動車にみられるように家電製品のようなモジュール型が進展していくと考えますか。部分的であれ、そうした時代の変化は、金型業界にどんな影響を与えるでしょうか。

森田：詳しくは分からないが、従来の自動車会社は、そのような方向に行かないよう努力しているのではないか。ハイブリッド自動車（ＨＶ）も一例だ。将来的に部品構成が大きく変わり、自動車作りが容易となるだろう。

取引先の声を聞くと、最先端の機械による金型製作や三次元設計でコスト高にするよりも、納期が多少遅くても日本の30年前の作り方で良いから、ある程度の品質のモノを日本の8掛け、7掛けで作ってほしいと言う。特に欧米メーカーはその傾向が強い。ソフトも機械も輸入品で、本国で買うよりも割高となり、タイの強みである労働集約型で安価な労働賃金、職人芸を生かせなくなり、競争力が低下する。それよりも電気自動車になって部品の構成が変わる。鉄を使わなくなったり、排気系がなくなったりするほうが自動車関連業界にとってインパクトは大きい。

――日本の金型メーカーの長期戦略はどうあるべきですか。

森田：昔、オギハラの社長が言っていましたが、板金メーカーは「農耕民族」、金型メーカーは「狩猟民族」だと。獲物を獲ったら食べきれないほどあるけど、1週間くらいなにも食べられないときがある。狩猟民族が農耕民族に変わっていったのと同じでうまくバランスをとらないと、金型だけでは生き残っていけない。当社の売上げ比率は板金8割、金型2割で、金型の仕事がない時期は板金が稼いでくれるからだ。日本の本社の業績が悪化したのは、金型が90％と高すぎたからだ。板金は薄利多売でも利益を平準化しやすい。

日本だけでは世界中の金型は作り切れず、日本国内の車の型すら賄えない。タイに追い付かれる、中国が怖いなどと考えず、良い物を作っていれば需要はある。為替が1米ドル＝70円台の時代は苦しかったが、100円近くなってくると追い風となる。中国メーカーのものは、自分たちで手直ししなければならず、納期の遅れもあるが、日本メーカーはその点がほとんどない。円安に振れ、日本の金型メーカーは忙しくなってきている。オギハラがタイ・サミットの傘下に入った時、日本で悲観的な報道もあったが、実態はそうではない。

――タイにいる日本人経営者にメッセージをお願いします。

森田：タイ人の立場に立ってものを考え、単に労働力としてタイ人を見ない。そうすれば労使関係もうまくいく。日本人と同じでタイ人もウェットだから、この国にとって良いことをしようと思って付き合えば、心が伝わり、彼らもついて来る。家内がたまたまタイ人だからそう考えるのかもしれないけど。この国にいいことをしてあげないとね。そうゆうつもりで付き合えばついて来る。

【株式会社オギハラ（タイランド）】

群馬県太田市で1951年に創業した親会社のオギハラは、自動車用金型で世界最大手。1989年に設立されたオギハラ（タイランド）は、バンコク東部ラクラバン工業団地に立地し、プレス金型、カーボディ用プレス金型のほか、プレス加工で自動車用のスタンピング部品、サブ・アセンブリー部品を生産する。大半がトヨタ向け。残りの金型は、ホンダを中心に国内の全自動車メーカーと取引があり、半分は欧州や南米などにも輸出する。

【森田浩司氏】

1961年生まれ。埼玉県出身で東京商船大学を卒業後、米国・東ミシガン大学にてMA（修士）取得。その後、カリフォルニア大学ロサンゼルス校（UCLA）でMBA（経営学修士）取得後、米国でオギハラに入社。2007年７月からオギハラ（タイランド）の社長を務め、2015年４月に最高経営責任者（CEO）兼副会長に就任。

ミツビシ・モータース・タイランド社長　村橋庸元氏

モノ作りの今後と経営論

2012年8月9日インタビュー

●インタビュー企業：
株式会社ミツビシ・モータース・タイランド
Mitsubishi Motors (Thailand) Co., Ltd.

自動車製造販売大手、三菱自動車の現地法人。東部チョンブリ県のレムチャバン工業団地で稼動する3工場の生産能力は年間46万台を誇る。タイ政府が推進する低燃費の環境対応車「エコカー」の第2期プロジェクトで恩典付与の承認を受けている。

●インタビュイー：**村橋庸元**氏
Mr. Nobuyuki Murahashi
ミツビシ・モータース・タイランド
社長(当時)
企業コンサルタント(現)

タイでの事業戦略と成功要因

――村橋社長は、日系の企業のトップとしては非常に珍しくタイの国立大学を卒業していらっしゃいます。社長のご経歴をお聞かせください。

村橋：日本の高校を卒業して1971年にチュラロンコン大学の経済学部に入学。1975年の卒業後に三菱商事入社した後は、自動車畑を歩んできた。海外駐在が長く、直近では欧州に9年おり、その後にタイでミツビシ・モータース・タイランドの社長に就任した。

――貴社は重要な生産拠点であると同時に市場が拡大するタイで近年、大きく業績を伸ばしています。1トンピックアップトラック「トライトン」、ピックアップベースのスポーツタイプ多目的車（SUV）「パジェロスポーツ」がけん引役ですが、小型車「ミラージュ」が認定を取得しているエコカーの市場での競争も激化しています。どう差別化を図りますか。

村橋：ミラージュは、タイ政府のエコカー要件である燃費（1リットルあたりの走行距離）が20キロ以上、二酸化炭素（CO_2）排出量が120グラム以下を満たし、燃費効率の良い自動車。エコカーは様々な側面を持つが、タイのような新興市場では「非常に手の届きやすい価格」でかつ「燃費が良い」という性格を持たせている。タイから輸出する先進市場では社会の関心に沿って「CO_2削減」「エコフレンドリー」を強調して売っていく考えだ。

――世界でも有数のピックアップトラック供給基地であるタイで生産する「トライトン」を改造した「パジェロスポーツ」を街中で見かけることが多くなりました。成功の要因はどこにあるのでしょう。

村橋：三菱自動車はもともと四輪駆動やSUVである程度のブランドイメージがあり、商品力・技術力もあった。2008年後半に発売した後も、顧客の意見を聞きながら、日本からの視点ではなく、現地の視点で、エンジンのVG（可変容量）ターボ化やエアコンダクトの位置変更など、コストをかけるべきはかけ、日本ではなくては話にならない部分であっても現地の視点から、削れる部分は削り、絶えず改良を重ねてきたことが販売を伸ばしている要因と思われる。あくまでもピックアップベースなので、日本や西ヨーロッパでは販売していないが、ASEAN、オーストラリア、中東、ロシア、中南米に輸出する非常に効率の良い自動車と自負している。

――中期経営計画（2011-2013年度）で新興国のニーズに合わせた商品開発に

ミツビシモータースタイランド社長(当時)の村橋氏(右)

注力する方針を打ち出していますが、開発機能をタイに移転することを検討しているでしょうか。

村橋：自動車メーカー各社が商品開発をタイに移す動きがある。当社も検討しているが、現状は基本設計や年次変更などはすべて日本がベースとなっている。あくまでもどこに技術があり、どこでやることが最適かを考えており、日本で基本的な設計・開発をやってきた。

一方で、タイでの国産化率が7～9割と高くなっていくので、そのために現地で開発するべき部分も出てくる。技術の適合やコスト削減といった重要な課題は現地に役割を担わせている。日本をベースとしながらも、事業の拡大に伴い、タイでの開発機能を強化することを模索している。日本の部品サプライヤーの技術者にタイに常駐してもらい、現地のサプライヤーや従業員幹部らを現地で育成する取り組みを行っている。本業であるコスト削減や部品の一部改良にも注力しており、増員して対応している。

自動車生産とモジュール化

――日本では自動車メーカーと部品サプライヤーが長期的な独自の系列を構成しており、密にコミュニケーションを取りながらモノ作りを行う「擦り合わせ型」が、日本企業の競争力の源となってきました。これに対して、製品の全体機能を単位機能に分解し、それぞれに複合部品をあて、インターフェースを標準化しながら、それらを組み合わせることによって全体機能を実現するモジュール型のモノ作りがあります。モジュール型のモノ作りは、アップル社の「iPhone」に代表されるように、世界で最も原価の安いところから部材を調達し、人件費の最も安いところで組み立てることが可能になります。電気自動車（EV）の台頭により、自動車産業も擦り合わせ型からモジュール型へとシフトするかもしれません。

村橋：三菱自動車のEV「アイミーブ」は日本で先行しているものの、個人使用の場合、充電など様々な課題が残っている。自動車が家電化する傾向はあるが、急速に変化するわけではない。ただ、家庭用電源からプラグを用いて直接バッテリーに充電できるプラグインハイブリット（PHV）のような商品が普及してくると、ある時点で急変する可能性がある。

新商品を投入する際、今までの系列にこだわらないのは当然のこととなった。部品のサプライヤーはタイ国内だけでなく、インドや中国にもおり、絶えずコスト競争力を考慮して調達することを考えている。ミラージュでは、エンジンの主要5C部品（カムシャフト、シリンダーヘッド、シリンダーボディー、コネクティングロッド、クランクシャフト）が必要になったが、日本のサプライヤーが必ずしもタイに進出しているわけではない。従って、日タイ両国のサプライヤーに工夫して作ってもらった。タイの状況を見つつ、日本のサプライヤーを活用して工夫している状況だ。

モノ作り拠点の見直し

――グローバル化というと、日本の産業空洞化を助長しているようにとらえられることがあります。個人的にこれの半分は感情論に聞こえます。現在のタイへの海外展開は進出先の市場を取り込むための進出であり、従来型の海外展開とは必ずしも同じではないと考えます。もう少し、統計など客観的な資料を分析すべきではないかと思うのです。

村橋：ここまでグローバル化が進んでくると、「モノ作り」自体を見直す必要がある。産業革命を起した英国でも、いまや自動車産業はゼロに近い。フランスは労働組合が強く、産業を残したいという意思は強いが現在、悩んでいる。そういう意味で、例えば電気自動車の開発以外は外に出すという分業も考慮して、日本はどの産業を残すかで、最良の選択をしていくべきだ。

求められる経営姿勢―企業は社会の一員

――日本の経営は株主重視や付加価値型経営（ＥＶＡ）に代表される米国型に傾倒した時期がありました。ただ、日系企業の実務でも、回収期間法など、結局は昔ながらの方法で投資の意思決定しているケースが多い。株価は大切ですが、それが短期志向のマネジメントを助長してしまうというのは、良くないと思います。タイにも適度なバランスを取ってほしいと思います。

村橋：米国や欧州企業の「企業の成功＝利益」ということ自体が個人的には間違っていると思う。逆に日本の経営者は昔から、「企業は社会の一員」という発想をしていた。米国型に振れ、利益に対して個人の給与を過度にリンクさせると、昨今のＬＩＢＯＲ（ロンドン銀行間取引金利）などの不正操作問題が出てくる。過度の成果主義をとると、長期的な戦略がとれない。日本企業の経営層の給与が低水準なのは良いことだと思う。日本の発展の原動力は、給与そのものよりも、身を粉にして働くことが人間の生き方として正しいと考えたからだ。「良い経営者＝稼げる経営者」と認識することは疑う余地がある。

意思決定は本社で行う―現場は優秀な人材にイニシアチブ

――貴社（自動車メーカー）が海外展開するにあたり、従来の日系自動車メーカーが採用してきた本社主導型グローバル戦略を継続していくべきでしょうか。販売やマーケティングに関しては、マルチドメスティックなアプローチも必要になるかもしれません。

村橋：当社は、昔から変わらない。日本人が本社とやりとりをし、そこで最終的な方針を決める。その内容を、現地の従業員に指示し、理解してもらいながら実行する。方針と実施の間に隔たりがある場合はしっかりとコミュニケーションを図り、最良の方針を策定する。案件が大きくなると本社のコントロール、承認を取る必要が増えるので、本社が決定する方法を当社は最良と考え採用している。日本人の幹部とタイ人の幹部のどちらが主か従かは場面によって異なるが、あくまでも協力してやっている。将来あるべき姿は、日本人とタイ人の優秀な方がイニシアチブをとること。一方でタイは年功序列で、目上の人を立てる保守的な社会なので、前例にないことをやる場合は抵抗もある。言い換えると、日本的なやり方を受け入れる土壌があるとも言えるだろう。タイ国内での販売などを考えると、タイ人のクリエイティビティを尊重して、もっと多様なアイデアを出していきたい。

タイに適合した人材マネジメント

――優秀な現地の人材確保に苦労している日系企業の間では、人事制度の再構築、明確な職務記述書（ジョブディスクリプション）、キャリアパスの提示や、同業に対する戦略的な給与水準の設定などに取り組む動きがあります。

村橋：当社はまず、職位による給与上限といった硬直的なシステムを見直そうと思っている。ここまで人材が採用しにくくなると、引き抜きもあり、内部制度の見直しは毎年やらないといけない。現実には、ある職位を採用したいと募集しても、希望通りの人材はなかなか来ない。先にも数人面接したが、全員要件を満たさない。ここ2～3年は、「急がば回れ」だが、優秀な人材を新卒で採用している。どんどん活躍してもらいたいからだ。入社2～3年目でも、やる気のある人はドンドン登用していく。社内にも良い刺激を与えるからだ。

――いい人材を採用してもすぐに辞めてしまうと嘆く日系企業がある一方で、ほとんど辞めないという企業があります。個人的には優良企業ほど後者が多い気がします。

また、優秀な人材は海外留学などの理由で辞めてしまうので、タイでは人材育成を根気強くできないとも聞きます。貴社はどうでしょう。

村橋：辞めることを前提に採用すれば、辞めても残念ではない。半分が辞めると思ったが、1人しか辞めなかったこともある。離職率は思ったより少ない。大卒の半分は、海外に勉強に出るというのが昔のイメージだったが、今は10人採用して1人行くかどうかだ。海外へ出る優秀な社員が辞める時も、必ず、帰ってきたらいつでも戻って来て下さいと伝え、会社が必要としているスタンスを伝える。留学から帰って戻って来るなら、受け入れるという心構えだ。

――日本でも少し前の世代は、土曜日でも仕事をしているのが当たり前だと思っていました。世代間の価値観のギャップをどのように共有していけばよいでしょうか。

また、タイ人は上下関係はしっかりしているが、直接利益に結びつかないことに情熱を注がないという声もあります。しかし、個人的には、タイ人はスポーツ大会などがあれば、率先して組織を作り、楽しそうに日本の従業員以上のモチベーションでクリエイティブな力を発揮します。こうした潜在力を仕事の上でも力を

発揮してもらえるように、どのように彼らのモチベーションを上げればよいでしょうか。

村橋：タイ人は昔から週5日労働が当たり前で、たくさん働くことに嫌悪感を抱く人も多い。当社は組合に対して残業代を割り増すからやってくれと頼んでも、答えは「ノー」だ。かつて「タイ人はレイジー（怠惰）だ」と批判する日本人もいたが、タイは昔から「楽しい職場＝人生の一部」という、ある意味で先進的な発想をしてきた国だ。今後はブータンのように経済成長を計る指標「国民総生産（GDP）」よりも「国民総幸福量（GNH）」を提唱する経営モデルを取り入れることも考えなければならない。

タイ人は昔の日本人と一緒で、目上の人にモノを言わない、反発しないというのがベースにあるが、よくよく聞けば、いろいろな意見が出てくる。それらの意見を参考にした上で、多角的な見方をする必要があると思う。

第1章 タイで活躍する日系企業

【株式会社ミツビシ・モータース・タイランド】

　三菱自動車のタイ販売会社として、1987年1月に設立。本社はバンコク北郊パトゥムタニ県に構える。東部チョンブリのレムチャバン工業団地の第1、2工場で乗用車「ランサーEX」、ピックアップトラック「トライトン」、「パジェロスポーツ」、2012年に稼働した第3工場で「ミラージュ」を生産する。3工場の生産能力は年46万台を誇る。

　タイ政府が推進する低燃費の環境対応車「エコカー(生産能力23.3万台、投資額49億バーツ)」の第2期プロジェクトで恩典付与の承認を受けている。また、イタリアの大手メーカー、フィアットとの車両開発・生産で連携を結び、次期小型ピックアップトラックを16年から同社向けに供給する見通し。

【村橋庸元氏】

　1975年にチュラロンコーン大学卒業後、三菱商事に入社。自動車部門が長く、タイのいすゞ車販売会社、トリペッチいすゞセールスにも在籍し、三菱自動車の豪州法人、三菱自動車英国販売会社および欧州総販社などを経て、2009年から13年までミツビシ・モータース・タイランドの社長を務めた。現在は複数の企業のコンサルタントを務める。

ハウスオソサファフーズ会長 谷原 望氏

分かりやすい商品を確実な販路で

事業戦略と現地日本人経営者の責務

2014年10月21日インタビュー

●インタビュー企業：
株式会社ハウスオソサファフーズ
House Osotspa Foods Co., Ltd.
食品製造販売大手ハウス食品グループのタイ法人。同グループの中核事業会社であるハウスウェルネスフーズの技術を使用したビタミン飲料を健康志向の高まるタイで販売している。現地の風習・文化に合わせた商品の開発などに注力しており、タイ・ASEAN地域での事業拡大を図っている。

●インタビュイー：**谷原 望**氏
Mr. Nozomu Tanihara
ハウスオソサファフーズ会長

タイでの事業展開の時間軸

――どのような経緯でタイに進出されたのでしょうか。

谷原：1バーツが2円台だった2005年から06年にかけて、タイで生産してコストを下げて日本に持って来ようという動きで検討をスタートした。その後はバーツ高に転じたこともあり、輸出のモデルが機能しなくなった。次いでタイで生産し、タイ市場で販売するというモデルで、2007年にプロジェクトがスタートした。カレーや炊き込みご飯の素が候補に挙がる中、タイの政情不安などの紆余《うよ》曲折を経て、ハウスウェルネスフーズの技術の支援を受けた飲料を販売する方向へと舵を切った。2011年に消費財大手オソサファ社と合弁で事業会社ハウスオソサファフーズを設立し、翌2012年にビタミンC飲料「C-vitt（シービット）」（日本商品名C1000）の生産・販売を開始した。

――飲料からスタートということですが、ハウスといえばカレーというイメージです。今後どのように事業を展開していくのでしょうか。

谷原：まずは、タイで拡大している健康機能飲料の分野でビン飲料のC-vittからスタートした。1本15バーツ。コンビニで買って試してもらって、よければリピーターになってくれる。駄目なら駄目で受け入れられるかどうかが非常にわかり易い。中が透けているビン飲料はタイでは薬っぽいイメージがあるようで、この点で他の飲料とは違うと見られる。更にタイにストレートでビタミンCを訴求する飲料がなかった。飲料事業の第一段階は、同一ブランドの健康機能飲料を増やすこと。第二段階では違うブランドの飲料を展開する。そして同じブランド内で、グミのようなものを作るなどブランドの横展開の流れがある。もう一つの事業はカレーを中心とした世界で、子供を焦点に売るつもり。これがそれなりの成功を得られれば、子供を切り口にしてハヤシ（ライス）のようなもの、シチューのようなものと同じターゲットに対して違う食事を広げていく。大きく二つの事業方向において、3カ年計画を2回繰り返して6年というスパンで展開を考えている。

マーケティング戦略―確実な販路をわかり易い商品で攻める

――タイは中進国から次の段階に発展しています。中間層の消費がどんどん伸びている市場の展望はどう見ていますか。流通チャネルについてお聞かせください。

谷原：他のASEANの国と比べて位置付けが異なるタイの市場のモデルをどう考えるかというのが一つのポイント。タイではモダントレード（スーパーマーケット、コンビニエンスストアなどの近代的小売業態）の店舗はわずか1万店あまりにすぎない。タラート（市場）などトラディショナルトレード（伝統的小売業態）は約50万店もあり、攻めるには膨大な人海戦術をとらなければならない。飲料の場合、最初はコンビニを中心としたモダントレードで商品を投入していくのがタイで確実なやり方だ。

CIvittは、既に累計販売本数は5000万本を突破しており、飲料ブランドとして確立しつつある。お客様にとって分かりやすい飲料を、まずはセブンイレブン（14年9月現在7、965店）をはじめとするモダントレードを中心に急速に広げていく方法が適切なビジネスモデルだと考える。一方、トラディショナルトレードに向けても購入実態の多い業務用スーパー等へ卸している。将来的にはブランドの成長とともにトラディショナルトレードとの比率を50：50にもっていきたい。

――ハウス食品グループとしてこれだけは変えないというコアな部分はありますか。

谷原：販売の進め方や流通は現地のやり方に従い、われわれはプラスとなる付加価値を提案する。デザインや容器、場合によっては商品名も変えていいが、品質、特性といった商品の根幹にこだわる必要がある。C-vittであれば、どこの国でも１本でビタミンＣの１日の必要摂取量を確実に補給できるようにすることが根幹にある。

――マーケティング面でのこだわりはありますか。

谷原：タイでのマーケティングはお客様への「分かりやすさ」が一番のポイント。日本では類似商品が多く販売されているが、ビタミンＣをイメージ的に捉えて宣伝している。タイではビタミンＣ飲料はまだニッチな商品で、分かりやすく「ビタミンを補給しましょう」と提案する。風邪を予防するイメージで飲んでいる層もいるので、今後はもっとストレートに「なぜビタミンCが必要か」といった点を重視して商品を展開していく。ビタミンCの1日当たりの必要摂取量であるレモン3個分に対し、C-vittはレモン6個分のビタミンCを含んでいるため、「ビタミンC200%」の表示もしている。大学などと協力して高い気温、排ガスによる大気汚染などの環境下でタイ人はビタミンCが不足しているのではないかという仮説をもとに摂取を促す流れも作っていきたいと考えている。

――タイで販売されている「ザクロ味」は現地従業員の意見を反映させた価値共創型の成功例のように見えます。

谷原：最初に発売したレモン味とオレンジ味に続き、日本人はパイナップル味の投入を提案したが、タイ人社員に「パイナップルは安っぽく何のありがたみのない果物」と却下され、代わりにザクロ味を提案してきた。当社の女性社

ハウスオソサファフーズ会長の谷原望氏（左）

員はザクロを嗜好する中華系が多いことが背景にある。日本にはない商品だったので、色味を長持ちさせるなど技術的な面で苦労した。日本市場への投入は考えていないが、タイではザクロ味の飲料が他社から発売され始めているようだ。いずれにせよタイ人にとってのベネフィットをもった商品を提案していかなくてはならないと思う。「日本人が甘すぎる」といっても最後に商品の嗜好を決めるのはタイ人。嗜好面やマーケティングでは極力タイ人社員の意思を基本に考えたい。

現地パートナーとの関係構築

――現地パートナーとの関係をどう上手く構築していますか。

谷原：海外で商品を売るには、マーケティングの鉄則である「4P」（製品、価格、場所、販売促進）にパートナーを加えた「5P」が必要になる。ただ、ハウス食品グループとしてこのような合弁を組むのは初めてで、手探りの状態だった。オソサファ社は、「M150」という国内で最も売れているエネルギー飲料を販売するなど、商売に長けた面がある。製造・流通の面で頼りになるパートナーだ。我々と同様に薬種問屋からスタートし、タイ国民の役に立つ商品を長年販売してきた。そのような体質・企業文化を共有できるオソサファ社と組んだのは正解だった。

本社の国際化と現地日本人経営者の責務

――本社の国際化が遅れていると言われる日本企業の課題は何でしょうか。

谷原：現地でお金を稼いで日本に持って帰るのではなく、現地で役に立つような会社にならないとその企業の存在価値はない。本社は「お金を出すが、口は出さない」と、現地に任せなければ運営できない。「現地のことが心配で心配で仕方がない」ので権限を移譲せず、本社が何でも判断してしまう状況から抜け出せないことが国際化の遅れの原因だ。現地のことは現地で判断する。突き詰めていえば、現地で採用した人が社長になり、さらに本社の経営にも執行役員として参画していくことを目指さなければならない。会社に貢献する成功例をあげ、本社に安心して任せられるような流れを作るなどして、実力で勝ち取るべきだろう。

――製造に続いて、食品・日用品メーカーの進出が加速すると予想されますが、文化・生活様式などが異なる市場で展開する新興国ビジネスの経営の先輩として何かメッセージはありますか。

谷原：タイの歴史と文化を尊重しないといけないと思う。「日本はこうなのに、なぜタイはこうなのか……」といった上から目線の考え方は禁物だ。個人的に「昔なかったものがどのような経緯でタイに持ち込まれ拡大したのか」と食文化の歴史をたどっている。タイ東北部（イサーン）の辛い料理がバンコクに出現したのはわずか40年ほど前と聞く。出稼ぎ労働者によって持ち込まれ、最初は「田舎くさい」などと拒否反応を示されたが、今では受け入れられている。屋台が普及したのも1950年代だ。

新しい物が現れた場合、異なる文化に社会がショックを受け、社会がこれを受け止めて変化していくというのが「文化変容」。ショックが継続して起こることで社会が変わり浸透していくのかと思う。われわれもタイで仕事をする以上、タイの文化、社会、そして王制を尊重しながら日本発のいろいろなものをタイに持ち込み、タイの社会を変えたり、文化の中に入っていったりという使命感を帯びてやっていかないといけない。C-vittはビタミンCが足りていないと思われる人の状況を改善する国民飲料と捉えている。栄養バランスを取るにはカレーを学校給食でといったことも含め「タイ社会に貢献する」と、さらに踏み込んだ意図と戦略を持つことが必要と考えている。この戦略は進出の段階で企業と最初の日本人経営者が明確にすべきで、長年の歴史でできているタイの文化や食文化に根付くまで、日本人経営者はゆるぎない信念を持ち、商品購入に繋がる分かりやすいストーリーやシナリオを考え抜いていく。
その根幹には、グローバルなフィロソフィーがあり、さらにタイで展開するビジョンを具体的に設定し、これらでタイ人社員を引き付け、タイのお客様と社会の役に立つ、そういった経営理念が必須と考えている。

【株式会社ハウスオソサファフーズ】

2011年7月に食品・菓子、飲料製品の製造販売などを行う地場のオソサファフーズと合弁会社「ハウスオソサファフーズ」を設立。出資比率はハウス食品60%、オソサファ社40%。タイ・ASEAN地域での事業展開を推進させるために、(1)風習・文化に合わせた現地向け製品の開発(2)提携先企業との役割分担の調整、現地スタッフの業務の仕組み構築(3)現地での新規事業の戦略立案・購買サポート・顧客調査(4)現地向け製品の製造オペレーション・品質保証――など、多岐にわたる業務を担っている。

【谷原 望氏】

1980年3月に大阪大学工学部を卒業後、同4月にハウス食品に入社し、研究所に配属。カレーやシチュー、健康機能製品、スパイス製品、レトルト製品の開発などを手掛けた。製品開発一部次長、製品開発三部部長を経て2013年4月から現職。

第2章

日本企業と成長するタイ企業

信用重んじ、多数の日系進出を支援

サハグループ会長 ブンヤシット・チョークワタナー氏

2013年6月7日インタビュー

●インタビュー企業：
サハグループ
Saha Group

大手財閥。消費財のライオン、ワコール、グンゼから、小売のローソン、ツルハドラッグまで、約80社の日系企業と合弁事業を手掛ける。日用品、衣料品など消費財の物流・販売を行うほか、独自の工業団地を開発するなど事業分野は幅広い。

●インタビュイー：
ブンヤシット・チョークワタナー氏
Mr. Boonsithi Chokwatana
サハグループ会長

サハグループと日本企業

――若いころ大阪に長期滞在されていたと聞きました。どのような仕事をされていたのですか。

ブンヤシット：16歳のときからタイで父の仕事を手伝い、18歳のときにバイヤー・連絡員として日本に派遣された。朝鮮戦争特需が終わり、日本が大変だった時期（昭和30～36年、1955～61年）のあしかけ6年間、大阪にいた。当時は通信事情が悪く、手紙と電報しかなかった。英語が分かる日本人も少なかった。また、経済は厳しく、輸入が多く、輸出が少なかったため、外貨不足だった。１９５２年にサンフランシスコ平和条約が発効する前の製品には、米国の占領下で製造されたため、「Made in occupied Japan」と記されていたのを覚えている。タイは大量のコメを売り、日本からは商品を買うという、バーターのような取引をしていた。コメのほかに、スズ、木材を輸出していたが、当時は貧しく、商品不足で、コップやベルトなどの消費財を何でも輸入していた。

――日本人に対してどのような印象を持ちましたか。

ブンヤシット：サハはＬＣ（信用状）口座を開設して、日本で物を買い付け、タイに輸出していた。ＬＣはすぐに銀行で換金できる先払いのようなもので、どこへ行っても歓迎され、まるで「神様」のように扱われた。まだ、日本語が分からなかったが、日本人は商売に対して一生懸命だった。父から「タイで売れるものを日本で製造し、輸出する」ように言われたので、当時、欧米諸国からモノが集まっていた香港で、米国製の万年筆、ライター、ベルトのバックルなどを買い、日本の企業に真似て作ってもらい、検品してタイに持ち込んだ。多くの日本企業はまだ小さく、注文があれば喜んで、難しいものでも作ってくれた。値下げの交渉にも応じてくれた。

――当時の日本から学んだ経営で、今でも役立っていることは何でしょう。

ブンヤシット：池田勇人内閣が１９６０年に所得倍増計画を策定し、すごい勢いで発展する日本の経済を目の当たりにした。現在のタイと似ており、このことが帰国後にタイで事業展開する上で役立っている。また、当時の日本人経営者は、何よりも「信用」を重んじた。信用があり、長く付き合え、正直であることが商売人にとって一番大切なことだと学んだ。それが儲けにつながるので、大阪ではみんな「儲かりまっか」と挨拶した。そういう日本人の経営スタイルが印象に残っている。

また、日本人の商売の手法は、昔の中国に似ていると思った。帰国してからも「信用」という理念を一番大切にした。商売には「短い商売」と「長い商売」があるが、自分は長い商売をしたかったので、日本人と馬が合った。

――サハグループは韓国企業とも提携しています

サハグループ会長のブンヤシット・チョークワタナー氏（NNA提供）

――が、日本企業と比べて感じることは何でしょうか。

ブンヤシット：日本企業が信用を重んじ、正直によいモノを作ろうとしてきたのに比べると、韓国の商売はあまり信用できなかった。韓国も当時は貧しくて、自分の目先の利益のことばかり気にしていたので、サハは日本企業とばかり仕事をしていた。サムスンは約25年前にタイに来たが、品質が悪くて、「こんな商品が売れるのか」と検品のときによく喧嘩をしたのを思い出す。当初、サムスンは自社ブランドではなく、OEM（相手先ブランド生産）で地場ブランド向けにテレビの部品を供給していた。

サムスンのタイでの成功と飛躍

――サムスンに成功をもたらした要因は何でしょうか。

ブンヤシット：テクノロジーの根幹である半導体の成功だ。現在の会長（李健熙＝イ・ゴンヒ氏）が1990年代に「コストをかけても良い商品を作る」という方針を明確にした。携帯電話を筆頭に、テレビなど電機製品の質がよくなった。大企業となり、信用も得た。

かつてナショナル（現パナソニック）、ソニー、シャープ、東芝など日本製品が、タイの電気製品市場を支配していて、韓国製品の入る余地はなかったが、私はサムスンに14

インチの小型テレビを勧めた。日本企業は儲からない小型テレビから24インチなど大型商品に軸足を移してきた時期で、サムスンは日本企業が見向きもしなかった安価な小型テレビの空間に戦略的に参入した。その後はテレビ作りのノウハウを蓄積し、技術力・知名度を上げていった。一方で、サムスンの方針は非常に厳しい。品質管理（QC）を徹底し、売れない商品を作るとすぐにクビにする。経営手法は日本企業にかつて存在し、今はなくなってしまった「軍隊」のような厳しさがある。

合弁事業のタイでの成功要因

――多数の日系企業と合弁事業を進めていますが、日本企業がタイで成功する秘訣は何でしょうか。

ブンヤシット：昔の日本企業は、タイで成功する確率が高かった。なぜなら、自分が足りない部分をよく認識しており、謙虚な姿勢で、単独ではタイ市場で自信がないので、現地企業としっかりとタッグを組んでいたからだ。特に、マーケティング面は、現地パートナーへ権限移譲が強かった。最近は、海外戦略が変わり、本社が遠隔操作でやっているという印象を受ける。昔の経営のやり方は「陸軍」で、今は「空軍」だ。

大手消費財メーカーのライオンと提携したのは40年以上前で、日本企業の進出はまだ珍しかった。ライオンはまだ海外をあまり知らなかったので、当社に多くのことを任せた。コルゲートなど欧米ブランドが市場を抑えていたが、そこにライオンを投入した。その頃は、サハの従業員が「兵隊」となり市場を切り拓いてきた。こうした役割分担を明確にしなければならない。

――日本企業と合弁などパートナーを組む基準は何でしょうか。

ブンヤシット：相手が大企業か、中小企業か、規模は関係なく、その企業にイノベーションがあるか、タイでナンバーワンになれるかどうかで判断する。日本で一番人気の商品をタイに持ち込んで、ナンバーワンとなれるか、タイで売れるか、勝負できるかを判断材料とする。

――最近の日本は元気がないと言われます。最盛期と比べて足りないものは何でしょうか。

ブンヤシット：日本人の経営者は今も変わらずよく働くが、文化・技術面で競争力・イノベーション力が落ちてきている。韓国や中国は日本を真似ており、日本人がかつて持っていた創業精神を持っている。東南アジア各国も追い上げており、日本との差は縮まっている。日本は高齢化が進み、働き盛りの若い世代が少ない。日本はすでに頂点に達したという意識が国民にあり、さらに生活向上を目指すのは難しい。

今後の事業戦略

――タイが今後さらに発展する上で、気を付けるべき点は何でしょうか。

ブンヤシット：為替リスクだ。タイには1997年のアジア通貨危機で、1米ドル＝50バーツに暴落した過去がある。為替管理を誤ると、国の産業が競争力を失う。今のバーツは高すぎる。タイ中央銀行と財務省は喧嘩ばかりしているのも問題だ。日本の安倍晋三首相のように、政治を大胆にやらなければならない。

当社は輸出、輸入とも手掛けており、為替が変化しても調整できる。国全体の利益を考えると、バーツ安だとカネが広く国民に流れるようになる。逆にバーツ高となれば、恩恵を受けるのは大手企業や富裕層だ。

――東南アジア諸国連合（ASEAN）の成長が著しいですが、どの地域に注力しますか。私は「陸」のアセアンに注目しています。

ブンヤシット：同感だ。ASEANは、北側と南側の二つに分けて考えるべきだ。北は仏教国のタイ、ミャンマー、ラオス、カンボジア、ベトナムと陸送が可能な地域。南は島しょ部で、キリスト教、イスラム教が主であり、文化的な背景も大きく異なる。また南北では商売のやり方、流通形態が大きく異なる。当社は先生が指摘するように、タイをハブに北の地域に力を入れる考えだ。

注目されるミャンマーには電力不足などインフラの問題があり、あわてて工場を設けることはない。土地保有などに関する法律などが未整備で、不透明な点も多い。多民族国家で、中央政府が各州を完全に統制できていない面もある。ただ、インフラが整ったらすぐに現地生産できるよう準備はしている。当社の商品は、国境貿易で昔から商品がミャンマーに流れている。タイには数十万人規模のミャンマー人労働者がおり、サハの商品の知名度は高い。

――グループの重心を製造から徐々に小売・流通へとシフトしているように見えます。

ブンヤシット：昔は、商品がよければ宣伝して売れる時代だった。今は違う。良い商品は世の中に沢山あるので、流通チャネルを間違うと売れない。経営者が商品の知識だけでなく、流通・販売チャネルを知らないと簡単には売れない時代となったのだ。サハも総合経営の立場からチャネルの開発をしていかなければならない。

――貴社が教育ビジネスに力をいれている理由をお聞かせください。

ブンヤシット：優れた日本の教育制度をタイに普及させたい。早稲田大学と2003年に日本語教育機関「タイ早稲田日本語学校」をバンコクに開校した後、東部チョンブリ県シラチャーに国際文化センターを開設した。日本の製造業は海外に盛んに進出しているが、教育の進出は遅れている。中国は、中国語のボランティア教師を毎年数百人単位でタイに派遣してきている。日本の文部科学省とは考えが違うようだ。最近はテレビ会議などのシステムもあるので日本の教育を海外に発信していくべきだ。

日本企業との合弁の課題

――日本企業と合弁事業を展開する際の課題は何ですか。

ブンヤシット：グループ経営で一番大切なのは人材だ。会社の成功は人材にかかっている。昔は、言葉の問題で困った。幸い私は日本語ができたから、商談のときは通訳を全部引き受けた。今は日本人も英語ができ、タイ人も日本語ができる人が多く、問題は減ってきた。現在は長期的に関係を築くため、事業に深くコミットできる精神を持った人材が不足してきたことが課題だ。海外進出の方針を立てて、日本から人材を派遣したが、失敗する例が多くある。タイに進出するには、創業精神のある人を派遣し、任せる。日本企業の海外戦略モデルが弱くなっているので、本社の指示待ちの単なるサラリーマンではなく、一代目の創業者の気持ちで仕事ができる人を送り込むことが大切だ。

【サハグループ】

タイ証券取引所（SET）上場の2社、持ち株会社サハ・パタナ・インターホールディング（SPI）と消費財事業会社サハ・パナタピブン（SPC）が中核。ブンヤシット会長の父に当たるティアム氏が、1943年に前身の商店を創業、53年にサハ・パタナピブンを設立。現在は上場会社、化粧品・衣料生産会社のICCインターナショナル（ICC）をはじめ、グループ会社は300以上を数える。

【ブンヤシット・チョークワタナー氏】

(Mr.Boonsithi　Chokwatana)

1937年バンコク生まれ。「タイの消費財王」の異名を持ち、親日派としても知られる。16歳でサハ・パタナピブンに入社。日本駐在員、社長を経て、会長に就任。タイを代表する総合企業グループに育てた。消費財、食品、繊維などの分野で多数の日本企業のパートナーとして、タイ進出を支援した実績がある。早稲田大学が2009年、日タイ友好に貢献した功績を認め、名誉博士号を贈った。

ベタグロ・グループCEO ワナット・テパイシッポン氏

巨人CPへの挑戦 日系と連携拡大

2012年6月14日インタビュー

●インタビュー企業：

ベタグロ・グループ

Betagro Group

総合アグリビジネス大手。養鶏・養豚から食肉処理、加工品、家畜用の飼料・医薬品に至る上〜下流の一連事業を展開する。1967年に創業し、味の素、伊藤ハムなど日本企業と多数の合弁事業を手掛けながら順調に成長してきた。

●インタビュイー：

ワナット・テパイシッポン氏

Mr. Vanus Taepaisitphongse

ベタグロ・グループ

最高経営責任者（CEO）

事業の概況

――貴社は多数の日系企業と協業しています。輸出に占める日本向けの割合など、事業の概況を教えてください。

ワナット：グループの売上高全体の20％を輸出が占める。輸出の内訳は、45％が日本向け、50％が欧州向け、その他が5％。輸出品は主に鶏肉・豚肉で、米国と中国には規制上、輸出できない。もっと輸出の比重が高い企業だと見られることもあるが、実際は売り上げの2割にすぎず、その意味では内需型企業といえる。今後は国内販売、輸出とも伸ばしていきたい。

――重要視している事業分野と、今後最も注力する分野は何でしょうか。

ワナット：主に「地域・飼料事業」「養鶏・鶏肉事業」「養豚・豚肉事業」「食肉加工品事業」「動物薬品事業」を展開しているが、いずれも基本的にBtoB（対企業）だ。BtoC（対消費者）はまだ比較的小規模だが、今後は主にタイ国内で拡大する方針で、これに向け、ブランディングやマーケティングを強化し、小売り用肉製品のブランドを「ベタグロ」に統一していく。

――タイ国内で直営店も展開し始めています。今後、競合に対してどのような戦略で店舗数を増やすのでしょうか。

ワナット：直営店「ベタグロ・ショップ」を約80店、展開しており、今後は各県に最低でも1店ずつ出し、店舗数を増やす。業界最大手のCPグループが展開する「フレッシュマート」と競争している。CPは確かに巨人だが、タイ国内に限れば売上高はベタグロの1・5～2倍程度とそれほど差がない。国内では競争できない相手ではないと考えている。一方で、CPは傘下のコンビニエンスストア、セブン・イレブンを通じて、自社の製品を売る販路を持っている。

人材マネジメント―外部登用から生え抜き育成へ

――タイを市場としてとらえ販売の拡大を図る多くの日系企業が、タイ人従業員のマネジメントで苦労しています。社内で生え抜きの人材を育てていく方針ですか、それとも経営レベルの人材は外部から登用する予定ですか。

ワナット：これまでは中間管理職は外部から引き抜くケースが多かったが、現在は社内で人材を育てる取り組みを行っている。将来的には、生え抜きの人材に経営幹部になってほしいと考えている。

これは批判的な見方だが、日本企業は女性を幹部に登用しない。日本企業と20年以上かかわってきたが、商談の場に女性が出席することがほとんどない。当社は中間管理職や将来の幹部候補を採用する際に性別で判断しない。

――多くの日本企業が人材を育成しても離職してしまう問題があるといいます。従業員を引き留めるために取り組んでいることはありますか。

ワナット：もちろん離職はあるが、その点に困難があるとは思っていない。人材管理については、大企業の事例を参考にした。ただ、他社の様々なシステムを分析し、当社のスタイルに合った人材管理モデルを追求している。かつてはシステムの全体像を見ず、例えば人材育成に必要な領域の1つだけを改善しようとしていたが、全体のバランスがとれていないと人は離れていく。新しい人材育成システムを近く導入する予定で、さらに改善していくことを期待している。

――市場が変化し、国際競争が増している中で、自社の人材育成面で問題を抱えている日本企業は少なくありません。タイの事業が日本の本社よりも何倍も大きい規模になっている中小の製造企業もあり、多くのタイ人従業員を抱えているが、マネジメント人材がいないという状況です。これらのタイ企業もタイからASEANやほかの地域へ踏み出すときに同じような困難に直面します。

ワナット：先に米国中部にあるサプライヤーを訪問した。日系2社がその企業を経営していて、日本人2人が派遣されていた。だが、CEOを含めてほかの従業員は全員米国人で、現地は現地の人材に任せていた。とてもオープンな社風で、一般的な日本企業とは大きく異なる印象を持った。この経営モデルは、日本企業が別の文化を吸収する上で、良い例だと思う。今後、タイ企業もタイ国を超えて、マネジメントをできる人材が不足してくるだろう。

日本企業の可能性と課題

――日本の自動車メーカーなど製造業では海外売上比率が高まっています。一方で食品や小売、サービス業は、今なお国内依存度が高い。これらの業界は人口減少や高齢化に伴い日本の国内市場が縮小する中、海外市場に目を向け、事業を現地化するな

ベタグロ・グループCEOのワナット・テパイシッポン氏（NNA提供）

どの方向転換を真剣に考えるべきと考えています。貴社は、国外への輸出という点で成功されていますので、何かコメントをお願いできますか。

ワナット：タイの日系食品メーカーを見ていると、（食肉加工品などを）海外で買って日本に輸出する「日本市場志向」な印象を受ける。一方、当社は海外に目を向けざるを得ず、父（創業者で現会長のチャイワット氏）が鶏肉の輸出を始めた当初、日本のバイヤーに胸肉とモモ肉を一緒に買うよう求めた。だが、日本人はモモ肉だけで、胸肉を好まないことが分かった。その結果、胸肉の市場を探し、欧州に輸出するようになった。10年以上やってきているので欧州の鶏肉販売は日本企業より成功しているように見えるのかもしれない。日本の食品業界も、本格的に海外で販売する方向に舵を切れば、面白い展開になるだろう。ベタグロの海外で戦うノウハウも提供できるので、合弁パートナーである日本企業にも、もっと海外市場に打って出て行くように話している。

——日本企業と欧米企業を比較して、ビジネス手法で一番異なる点は何でしょうか

ワナット：日本のパートナー企業は欧州企業と比べて人間関係を重視する。欧米企業との合弁事業は4～5年で終えるケースが多いが、日本企業とはもっと関係が続く。創業2代目の父も、「日本企業との合弁はスタートまでにかなり時間が掛かるが、一旦動き出せばスムーズに進み、長く続く」と言っていた。

日本企業との関係は今後も強化していく。これまでは住友商事など大企業とのビジネスが多かったが、今後は中堅企業とも関係を深めたい。中堅企業の場合は直接オーナーと話ができ、事業がしやすい面もある。私が会ったオーナーたちは独自の経営理念を持っていて、意見交換もしやすい。大企業とは、深い議論ができず、長い時間が掛かり、意思決定が遅い。だが、良い面がある。インドやバングラディッシュでビジネスを展開することを検討していた時に、父は、「日本企業のパートナーと組む」という条件を突きつけてきた。タイ人は十分な情報がないのに常にショートカット（近道）をしようとするが、日本企業には慎重さがあり、その面で日タイが機能する。

――タイ企業と連携を深める上で、日本企業の弱みは何でしょうか。共に成長していくために、日本企業は自社の弱みを知っておく必要があると思います。

ワナット：一つはジョブローテーション（人事異動）ではないだろうか。タイや欧米の企業でもローテーションはあるが、日本企業は頻繁だ。任期が3～4年と短いことに加え、方針も変わってしまう。一緒に仕事をしても心底から全力を傾けていないように感じることがある。あと、気になっているのは、日本企業はビジネスを開始した後の干渉の度合いが強い点だ。

――日系企業の経営は現地ではなく、日本本社に目が向いてしまう傾向があります。しかし、タイが生産拠点から市場へと変化する中、もっと現地で最大限の努力をする必要があります。

ワナット：日本はコミュニティー（地域社会）が強く、企業とのつながりを大事にしていると感じる。当社も近年、コミュニティ活動に多くの時間を費やすようになった。日本企業との合弁工場を中部ロッブリー県で複数操業しているが、日本人の工場長はコミュニティ活動に参加してお互い助け合っている。このように大企業とコミュニティがつながるためのシステムを日本から学びたい。一般に我々民間企業は生き残るために利益を第一に考える。しかし、日本企業は社会を優先する面がある。利益第一主義か、社会第一主義か、何が自社にとって一番に優先すべきであるかという点について学びたいと思っている。日本企業と米国企業の相違点がそこにある。

【ベタグロ・グループ】

地場の総合アグリビジネス大手ベタグロ・グループは、バンコク東郊サムットプラカン県のプラプラデンで1967年に創業。80年に日本企業と合弁で鶏肉加工工場を設立。1993年に住友商事と合弁でSPF（特定病原菌不在）豚を生産するためSPFプロダクツを設立。味の素ベタグロ・フローズン・フーズなども展開している。国内での日本レストラン事業を強化しており、「宮武讃岐うどん」とオムライス専門店「ポムの樹」をバンコク都内で開業している。ワナットCEOの父で創業者のチャイワット氏が会長を務める。

【ワナット・テパイシッポン氏】

(Mr. Vanus　Taepaisitphongse)

1959年生まれ。チュラロンコーン大学卒業後、米サンタクララ大学でMBA取得。TISCO、シティバンクを経て、85年にベタグロ入社。88年にグループCEOに就任。趣味はスキューバダイビングとゴルフ。

DKSHタイランド社長
ソンブーン・プラシットチュットラクン氏

現地密着で市場開拓を支援

2012年6月8日インタビュー

●インタビュー企業：
株式会社DKSHタイランド
DKSH(Thailand) Ltd.
スイス系流通大手のタイ法人。タイをはじめアジア各地で現地に密着し、消費財メーカーなどに対して包括的なマーケットエクスパンション（市場拡大）サービスを提供する。タイはグループ売上高の36％を稼ぐ主力市場で、多数の日系企業の事業を流通面などで支える黒子として活躍する。

●インタビュイー：
ソンブーン・プラシットチュットラクン氏
Mr. Somboon Prasitjutrakul
DKSHタイランド社長（当時）

事業の概要

――どのような事業分野で日本企業と取引していますか。

ソンブーン：ＤＫＳＨの事業部門は「消費財」「ヘルスケア」「生産資材」「テクノロジー」の４つで、タイではすべてをカバーしている。取引先の日本企業は、大正製薬、久光製薬、エーザイ、味の素、サントリー、明治乳業、マンダムなど多岐にわたる。タイなどでは日本企業が市場を開拓する支援もしている。グループ本社は2012年3月にスイスで上場したが、グループの売り上げの大半はアジア、特にタイで6割が生み出される。私はカントリーヘッドとしてDKSHタイランドの社長のほか、グループの消費財部門の代表、2011年からスイス本社の執行役員を務めている。

――貴社は現地の環境に上手く適応しているが、世界各地で現地化を進め過ぎるとグループとしての統制やアイデンティティの維持が難しくなる側面もあります。一般的には相反すると考えられている「グローバル化」と「現地化」のバランスをどう保っていますか。

ソンブーン：DKSHグループでは、各国の情報技術（IT）は全てSAP（財務、給与、販売管理などの基幹システムを全て統合して一本化する）システムを導入している。ファイナンス（財務）も集約してセンターをシンガポールに置き、事業規模の大きいタイだけが例外的に独自の部門を持つ。ブランディング・人事も集約している。このようにバックオフィス機能を集約する一方、販売・マーケティングといったオペレーション機能は現地化している。IT、人事そしてブランドすべてがグローバルなプラットフォームになっていて、そこに現地の知識が加わるという戦略だ。

マーケットエクスパンションサービス（市場拡大支援）ビジネス

――他の外資企業と比較して貴社の強みは何でしょうか。

ソンブーン：我々の強みは現地の知識を有することだ。他の企業が持っていないネットワークを持ち、各国の市場についての知識と専門性が強さの源泉となっている。経験豊富なチームが現地の知識を駆使して、取引先の企業がタイ市場で成長するのを後押し、ビジネスを拡大させる。

――多くの日本人は貴社の優れた事業内容を知りません。取引先の事業拡大を具体的にどのように支援しているのでしょうか。

ソンブーン：貿易会社とは一線を画する。商品を単純に売り買いするのではなく、顧客であるサプライヤーを総合的にサポートする。「マーケットエクスパンションサービス」と呼んでいるが、情報、製品の調達からマーケティング、流通、アフターサービスまで多岐に渡るサービスを、顧客の要望に沿ってオーダーメード（注文仕立て）で提供する。顧客が成長すれば我々も成長できる。共同体だ。例えば、日本のある消費財メーカーがタイ市場に参入する場合、我々は小さなパパママショップ（個人商店）からハイパーマーケット（大型小売店）まで、どこに商品を置くべきか、どうやって市場に浸透させるかを熟知している。物流、販売など包括的なパッケージサービスをあたかも顧客企業の一部であるかのように行う。

DKSHは35カ国で事業を展開しており、サプライヤーとまず一緒に成長できる市場を探す。例えば、ある日系企業とは、タイを皮切りにミャンマー、ベトナムへと業務提携を拡大した。別の日系食品大手企業とはタイ、マレーシア、シンガポール、ベトナム、カンボジア、ラオス、台湾へと広げた。1カ国ずつでも、時間をおいて別の国に、もしくは一気に複数国に参入することも可能だ。

――今後、どの事業分野や地域が有望と考えていますか。

ソンブーン：短期的には消費財だ。ヘルスケア、生産素材、テクノロジーが続くが、すべての部門が大きく成長する可能性を秘めている。既存サプライヤーとの成長、新しいサプライヤーとの成長、全く新しい事業を通じた成長の3つがある。新たな試みとしては、今後の成長が期待できる食品の小売りに注力する。特に「プレミアムポッキー」など高品質の商品を求める人が増えている。小売り事業ではすでにサングラスや時計のリーバイス、モンブラン、バリーなど、非食品のブランド販売を手掛けており、SAPや物流など、既存のインフラを有効活用し新しい商品を扱う。

地域では、タイだけでなく、ミャンマーやベトナムも有望な市場だろう。注目が集まるミャンマーに進出して16年の経験があり、現地に500人、パートナーを含めると800人の人員を抱え、数多くの企業をサポートしている。

思いやりをもった人材を集める

――現在直面している最大の挑戦・課題は何でしょうか。タイの日系企業では人材確保が大きな課題です。

ソンブーン：グループの過去10年間の平均成長率は18%。これが社内での目標値であるが、これを達成するのは大変なプレッシャーで、大きな挑戦の一つとなっている。2つ目は成長し続けるために確保しなければならない人材だ。新たな市場でビジネスを展開しようとした時は、優秀な人材に巡り合う必要がある。ホワイトワーカーだけでなく、生産現場でもよい人材が不足しており、他社と人材面でも競わなければならない。

特にタイでは中間管理職の不足が深刻だ。人材管理の集約は戦略的に行う必要がある。ただ、中間管理職の給与体系や研修は集約できるが、上級管理職以外の採用は現地化するべきだろう。


――従業員が短期間で退職してしまう問題に直面したことはありますか。


ソンブーン：ほとんど退職の問題はない。しかし入社間もない層についてはある。上層部は今ほど豊かでなかったので、一生懸命になって働いた。時代を共に送ってきた世代で、離職率は低い。

一方で新世代の離職率は高く、入社間もない若手の従業員をいかにつなぎ止め、維持するかは、当社に限らず他の会社にとっても、課題となっている。新卒者は豊かな家庭に育ったものが多く、これまでのように豊かになるために、我慢して働くという感覚はなく、仕事の内容や上司や同僚との関係などの職場環境が大切である。

この若い世代は、社内での友人とのつながりを重視し、ソーシャルメディアに帰属意識を持つので、社内にもコミュニティを作り、楽しんで仕事をして、残ってもらえるように取り組んでいる。DKSHに来ると友達もいてコネクションを持つ。ここに来ると楽しいと思うと留まるからだ。

――どのようにして従業員と社内で接していていますか。

ソンブーン：低姿勢を心掛けている。自分のオフィスに座っていても彼らは絶対に会いに来ない。自らが部下のところに足を運んで、砕けた態度で接する。彼らも（社長は）話を聞いてくれる相手だと思う。また、「Meet and Greet the President（社長と会って話そう）」という取り組みを実施している。中間管理職ではなく、従業員が20人ほどのグループを作る。そして私

DKSHタイランド社長（当時）のソンブーン・プラシットチュットラクン氏（NNA提供）

が各グループと1～2カ月に1度会って落ち着いて話をする。このやり方が彼らにとって心地がよいということを学んだ。

――そのような企業文化を維持し、発展させるには何が必要ですか。

ソンブーン：次の段階として、全員が自由に発言できる環境をつくることだ。我々の価値観を反映する実用的な企業文化を作りたい。従業員に我々の「企業文化」に染まる必要があることを説明する。だが、経営陣や中間管理職が率先して実践していかないと誰もついてこない。我々のチームはマネージャーも「人間本位」で選ぶ。そのような人材は、他人に気を遣うというビジネスを行う上での必要な要素を備えている。当社にとって人材がすべてだからだ。

――仮に、日本の大手企業の東南アジア諸国連合（ASEAN）地域のトップとして働くことになったら、何を変えたいですか。

ソンブーン：取引する多くの日本企業を観察してきたが、まず日本企業は人を頻繁に異動させる。現地の経営陣、中間管理職、若手従業員を、インドネシア、タイ、日本、シンガポールと目まぐるしく動かす。彼らは異動のたびに新たな国・市場について学び直さなければならない。これは大変な挑戦だ。

もう一つは、あらゆる決定が日本本社で下されるということ。日本人駐在員は上司に大変忠実で、本社の決定に従う。ただし、日本で成功したからといって、タイでは上手くいかないかもしれないということを腹の底から理解しておかなければ難しい。例えば、日本の名前をそのまま持ってきたシャンプー製品のブランド名は、タイ人消費者は長くて、発音もできない。漢字が読める地域で成功した例がタイで成功するとは限らない。現地の嗜好を理解するために、どこまでの機能を本社に集約し、どこまでを現地に移管するかを、再考すべき一例だ。

3点目は意思決定の遅さだ。日本の中小企業と商談しても、彼らにはその場で決定する権限が与えられていない。本社に判断を仰ぐため、1回か2回で済む商談の回数も6回、7回となり、スピードが格段に遅い。弱い立場の中間管理職は上司に異を唱えられないところは、目上に敬意を払うタイ人と似ている。また、日本人は礼儀正しく、否定的なことを面と向かって言わず、「Yes」も「No」もはっきり言わない。欧米人なら、相手が誰であろうと、派手なジェスチャー付きではっきりと反論する。欧米のやり方を一部でも取り入れれば、日本企業の競争力は高まるかもしれない。ただし、日本式のやり方には、全員がチームとして関わるため一体感が出るといった良い面もある。

【株式会社 DKSHタイランド】

タイ事業は前身のディートヘルムが1906年に進出したのがはじまり。2002年までに同社とケラー、シイベルヘグナーが統合し、DKSHが誕生。タイ法人は09年に正式にDKSHタイランドとなる。アジアを中心に35 カ国で事業展開。タイ国内68拠点に1万人以上の人員を擁する最大のマーケティング・流通・ロジスティクスサービス企業。

【ソンブーン・プラシットチュットラクン氏】

(Mr. Somboon Prasitjutrakul)

1958年バンコク生まれ。米サンノゼ州立大学卒業後、サシン経営大学院でMBA、米スタンフォード大のエグゼクティブマネジメントコース修了。93年にDKSHの前身、ディートヘルムに入社し、2007年よりタイ法人社長。08年よりグループの消費財事業部門トップ。DKSH本社でタイ人唯一の執行役員も務めた。

第3章

アジア・世界に展開する在タイ企業

PTT社長 パイリン・チュチョタウォン氏

資源企業から知識ベース企業へ

2013年4月9日インタビュー

●インタビュー企業：
国営タイ石油公社（PTT）
PTT Plc.
エネルギー最大手。石油・天然ガスの探鉱から採掘、精製、加工、販売までを手掛けるPTTは、タイ最大の企業である。タイ証券取引所(SET)上場企業の中で断トツの業績を誇り、東南アジアを代表する企業に成長した。10数カ国で事業を展開しており、ASEANでは9カ国に投資している。

●インタビュイー：
パイリン・チュチョタウォン氏
Dr.Pailin Chuchottaworn
PTT社長

昨今の日本の現状

――日本に6年間留学した経験があり、東工大の同窓会組織のメンバーとして日本とタイの橋渡し的な役割を担うと同時に、日本の変遷を見て来られたと思います。当時の日本は今の東南アジア諸国連合（ASEAN）のように勢いがあったと思いますが、最近は家電分野などで日本企業の競争力が落ちている。この現状をどう見ていますか。

パイリン：個人的な意見だが、日本の競争力が失われた原因の一つは、若年人口が減少し、高齢化が進んだことだ。留学当時の日本は団塊の世代が働き盛りだったが、彼らも退職期を迎えた。若い世代の不在は、良いアイデアやチャレンジ精神、冒険心の欠如をもたらす。例えば、カシオ計算機が当時、電卓、時計からコンピュータまで製造し、毎月のように新モデルを2つも3つも発売していた。こうした活力はどこに行ってしまったのか。逆にいまの韓国企業はテレビなど家電製品の新モデルを次々と出す。スピード経営にも、若い力が必要だ。

同じ先進国でも、米国や欧州の社会はよりオープンで、外国人留学生をたくさん受け入れているので、今でも新しいアイデア、イノベーションが生まれる。（米ボストンの）マサチューセッツ工科大学（MIT）に行くと、学生の半分以上は、髪の毛の黒いアジアからの学生だ。米国

日本語に堪能なPTT社長のパイリン・チュチョタウォン氏

人で理科系を勉強する人は減っていると言われるが、世界中から一番優秀な学生を受け入れることによって、米国経済は活気づく。日本は島国で外国人の受け入れに保守的だ。国を早くオープンにして外からアイデアを取り入れ、前向きに発信しないと、さらに競争力を失いかねない。

人材マネジメント

――貴社は比較的に若い幹部を登用しているように見えますが、いかがでしょうか。

パイリン：私は現在55歳。社長の任期は4年で、59歳になれば出て行く。60歳定年がPTTのルールだ。役員はPTT本体では60〜65歳。グループ会社でも70歳までと、長く居座ることはできないように制度が設定されている。

――60歳前に退職ですと、次世代の人材育成に日本企業より早めに取り組まなければなりません。何か特別なトレーニングを実施しているのですか。

パイリン：社内で独自の学校「PTTリーダーシップ・ラーニング・インスティチュート（PLLI）」を運営しており、新入社員から退職前の従業員まで勉強する。韓国のサムスン電子や、米ゼネラル・エレクトリック（GE）のクロトンビル研修所を参考にした。

――かつて日系企業との合弁会社の社長を務め、PTT本体を経営している今、タイやアジアの企業と、日本企業の違いをどこに感じますか。

パイリン：日本の大企業の経営スタイルは、非常にステレオタイプで、ワンパターンだと感じる。経営層が厚くて、シニオリティー（年功序列）を重視し、社長の下に、細かく覚えきれないほどのポジションがある。現在のビジネス環境では見直しが必要だ。

ほかのアジアの国の企業は経営幹部が若く、経営陣は非常にコンパクトで、素早く動くことができるところが日本と違う。私も頻繁に世界各地に出張するが、一人で行く。日本の大企業では社長が出張するとなると、何人もの付き人が同行する。また、国際会議に参加する日本人を見ていると、商社などを除いて、比較的に高齢の経営者は、あまり上手に英語をしゃべることができない。

昔は技術さえ持っていれば良かったが、技術がどこでも探せる時代になった今、経営スタイルも変えるべきだと思う。今日の競争環境に合った経営の在り方を考える上で、アジアの企業に見習うべきところがあるだろう。

――日本企業は業界レベルのバリューチェーン（価値連鎖）でいえば、その真ん中に位置するモノづくりには強いです。だが、スマイルカーブ（付加価値構造を表す曲線）といわれるように、モノづくりの部分は利益率が薄く、企画、販売、マーケティングなどの付加価値の高い部分が弱い。本社の「内なる国際化」が進んでいないことや、ビジネス・モデル全体のなかで、経営を見直していないことが一番の原因と考えています。また、日本には専門経営者が少ない。サラリーマン社長が大半でコンセンサスを重視し、戦略を立てて変革することが苦手です。仮に日本企業の経営を任されたら、まず何に着手しますか。

パイリン：先に米国の経済学者に「なぜ、アジアの経済は強いのか」と聞かれた。理由のひとつに、１９９７年のアジア通貨危機で企業が様々なことを学んだことが挙げられる。タイ、韓国を含めて、アジアはそんな屈辱の時期を経たから強くなった。それ以前の無鉄砲な経営手法を改め、適切な経営に転換した。

事例として、日本航空（ＪＡＬ）を再建した稲盛和夫氏の手法を挙げる。チェンジは上からで下からではできない。どんな会社であれ、危機に直面すれば、変革できる。私もかつて、赤字を出していた子会社の社長に就任したが、危機をばねに比較的容易に変革することができた。トップが代わり、変化があれば下はどんどん変わってくる。

――タイは石油の8割、ガスの4分の1を輸入に頼っています。2050年に世界のGDPの50％を占めると言われるアジアの成長には、エネルギー確保が欠かせません。主要エネルギー企業として、どうような政策を打ち出す考えでしょうか。

パイリン：ASEAN加盟国でエネルギーの純輸出国は、ブルネイとマレーシアの2カ国だけで、インドネシアも輸入国に転じた。全体でも純輸入地域だ。ラオスは「世界のバッテリー」と言われ、タイに電力を供給している。ほかにASEAN加盟国の間で、エネルギー協力の「ASEANグリッド構想」がある。

1つ目はタイからカンボジア、ラオス、ミャンマー、マレーシアを送電線でつなぐ。その後にマレーシアとインドネシアとシンガポールをつなぐ計画があり、フィリピン、ベトナムもつなげばASEAN10カ国が一つに結ばれる。もう一つは、ASEANのガスパイプライン。これもタイが中心的役割を果たす。PTTは現在、総延長約4、000キロのガスパイプラインを運営し、すでにマレーシア、ミャンマーとつないでいる。今後は延長してインドネシアもつなぐ。インドネシアはフィリピンとつなぐ計画があり、近い将来、ガスグリッドが形成されるだろう。
最後は、ASEAN石油備蓄構想。10カ国のうち1つの国が石油不足の問題が持ち上がったとき、残りの国が助け合うという構想だ。さらに今年（13年）から液化天然ガス（LNG）でも協力する。タイのほか、マレーシアとシンガポールも参加し、エネルギー面で協力し合う。

――タイを中心とするGMS（大メコン圏）地域でミャンマー南部のダウェー深海港が整備されれば、インド南部のチェンナイまでの経済圏がつながります。日本ではまだ、ASEAN10カ国という括りで議論されていますが、GMSの潜在性はどのくらいあるでしょうか。

パイリン：いま、指摘されたようにASEANを二つに分けて見るべきだ。北側の「陸のアセアン」、すなわちGMSであるタイ、ベトナム、ラオス、カンボジア、ミャンマーの仏教国から成る地域で考える。ここでは、タイが中心的な役割を果たすが、ミャンマーは中国、インドの両国と国境を接する地政学的に特別な位置にあり重要である。ミャンマーは陸のASEANのゲートウエー（玄関口）だ。一方、南側の「海のアセアン」は、仏教、イスラム教、キリスト教と宗教が多様だ。中心となるのは、シーレーン（航路）を支配するシンガポールだ。陸のアセアンではインフラ整備が進んでおり、海のアセアンと同様にさらにその重要性を増していくことになるであろう。

――現在、どのような戦略の構築に注力しているのでしょうか。

パイリン：ＰＴＴは「ビッグ、ロング、ストロング」、すなわち大きい身体、長い手足、強い頭脳を掲げている。ロングの意味は、ＰＴＴが手掛けるエネルギーのバリューチェーンで資源から小売までを担う。さらにパートナーを探して一緒に海外で仕事をするということだ。ストロングは経営の手法や人事の業績管理など内部体系を強化する。

もう一つの戦略は、テクノロジーを志向すること。ＰＴＴはこれまで、資源ベースの企業だったが、知識ベースの企業に変える。例えば、フランスのトタルなど資源のない国の石油公社が成功している。それは知識ベースだからだ。

ＰＴＴは２０１２年、ＴＡＧＮＯＣ（テクノロジカリー・アドバンスド＆グリーン・ナショナル・オイル・カンパニー）を目指すと表明し、最高技術責任者（ＣＴＯ）、最高サステイナビリティー責任者（ＣＳＯ）という新しいポジションを創設した。初めて自社の技術ロードマップと環境ロードマップも作った。純利益の３％、年間40億バーツほどを、研究開発（R&D）に振り向ける。技術ライセンスの子会社も作った。TAGNOCの発想で、PTTを（蘭英系の）ロイヤル・ダッチ・シェルや米系エクソン・モービルのようなテクノロジー企業に変えていく。技術、そして環境に優しい企業にならないといけない。

【国営タイ石油公社 PTT】

1978年にタイ石油公団として設立。2001年に株式会社化され、タイ証券取引所（SET）に上場した。現在もタイ財務省が過半数株を保有する国営企業。13年の連結売上高は2兆8427億バーツ、純利益は947億バーツだった。「5ヵ年投資計画」では、ASEAN域内と域外に半分ずつ投資する。半分は上流に投じ、石油・ガスリザーブを取得する。残り半分は石化、精油、トレーディング、石炭といった5事業部門に投じる。

【パイリン・チュチョタウォン氏】

(Dr.Pailin　Chuchottaworn)

国立チュラロンコーン大学を卒業後、東京工業大学で化学工学修士・博士を取得。MITの産学連携プログラム（ILP）、GEクロトンビル研修所でのエグゼクティブ・リーダーシップ・プログラムなどに参加。PTTグループの石化部門IRPC社長などを経て、11年9月から現職。サシン経営大学院ボードメンバー。

マイナー・インターナショナル最高財務責任者（CFO）
トライティップ・シワクリスクン氏

ホテル・外食の両輪で成長

2012年12月20日インタビュー

●インタビュー企業：
株式会社マイナー・インターナショナル
Minor International Plc.
ホテル・外食大手。海外では外食チェーンやホテル、サービスアパートメントを相次いで買収。高級ホテルからファストフード店までをアジアだけでなく中東、アフリカにまで展開し、業績を伸ばしている。

●インタビュイー：
トライティップ・シワクリスクン氏
Ms.Trithip Sivakriskul
マイナー・インターナショナル
最高財務責任者（CFO）

グループの事業戦略

――貴社はホテル、飲食、スパと多角的に事業を展開しているタイの優良企業です。まずは、全社レベルの戦略について聞かせてください。

トライティップ：ホテルと外食の2事業を大きな柱に展開している。ホテル事業の売り上げはグループ全体の半分程度だが、純利益の60～75％を占める。一年を通じて安定した収入を見込める飲食をベースに、季節に左右されるホテルで高収益を上げるモデルを展開している。分社することを検討したが、グループ全体の魅力がなくなると判断した。海外進出する際に、ホテルが先に展開していれば、外食が容易に乗り出すことができ、相乗効果も期待できるからだ。

――ホテル事業はどのように展開しているのでしょうか。

トライティップ： ホテル（サービスアパートメントなど含む）は自社・他社ブランドのホテルを国内外で80館、計9，000室を保有・運営している。バンコク中心部では高級ホテル「セントレジス」と「フォーシーズンズ」を保有する。自社ブランドでは5つ星～6つ星の「アナンタラ」をタイ国内外で展開している。4つ星～4つ星半の新ブラ

マイナー・インターナショナル最高財務責任者（CFO）のトライティップ・シワクリスクン氏（NNA提供）

ンド「アバーニ」は、スリランカに続いて近く、バンコクにオープンする計画。2012年にはオーストラリア東海岸を中心に営業するサービスアパートメントチェーン「オークス」を買収するなど、ここ5年間は海外進出を加速している。MLR（マネージメント・レッティング・ライト＝部屋ごとのオーナーから運営を請け負う仕組み）で、国外を含めて39館を展開する。

また、複数のブランドのスパ施設、タイムシェア（一つの物件を複数人が共有し、事前に期間を定めて利用する）方式のリゾート施設、ホテル並みのサービスを提供するレジデンス、東部パタヤの商業施設「プラザ＆エンターテインメント」も運営する。我々は不動産仲介や開発業者ではなく、ホテルサービスでテナントをサポートする。

――外食事業の特徴は何でしょうか。

トライティップ：外食ではフランチャイズ（FC）店を含めて1、300店を展開。タイ国内だけでなく、東南アジア諸国連合（ASEAN）、中東、アフリカでも事業を拡大している。FC運営していた「ピザ・ハット」から離れて、2000年に独自ブランド「ザ・ピザ・カンパニー」に変更。アイスクリーム店「スウェンセンズ」はアジア23カ国で地域

FC権を持ち、タイでは「デイリークイーン」「バーガーキング」「シズラー」も展開する。2007年にはオーストラリアの「コーヒークラブ」の株式50％を取得。2009年にはシンガポールのタイ料理チェーン「タイ・エクスプレス」、2011年には「リブス＆ラムス」を買収した。

外食事業を補完するため、中部サラブリ県にある工場でピザ用のチーズとアイスクリームも製造している。売上比率は約10％と低いが、国内では「エスプリ」「ギャップ」などの小売事業も手掛ける。

――高級ホテルやブランドを複数運営しているが、共食い状態に陥らないようにどうマネジメントしているのでしょうか。

トライティップ：バンコク中心部ラチャダムリ通りの「セントレジス」と「フォーシーズンズ」は最高の立地なので、最高級ブランドで運営する。2館は隣り合っており、競争もするが、それぞれ独自の顧客ベースを持ち、一方の業績が伸びれば他方が落ちるということはない。

――高級ホテルから大衆向け飲食店まで多様なブランドを一体経営する秘訣は何でしょうか。

トライティップ：「東洋のリゾート」というグループ全体の文化があり、人を大切にする、イノベーションを志向する文化を醸成している。外食部門に比べて高級志向のホテル部門には、独自の人材、文化、運営手法も必要で、異なった教育が求められる。グループとしての共通のゴールに対し、それを達成するための運営については、事業ごとに自分たちで行う。それぞれの独自のゴールが共通のゴールに向かうことになる。

ホテル事業の今後の展望

――ホテル供給過多との声も聞かれます。今後はどのような投資戦略を描かれていますか。

トライティップ：現状は国内が収入の70％、海外が30％を占める。国内にも投資するが、多くを海外に振り向け、今後5年で50％に引き上げたい。バンコクのホテルは供給過剰といわれるが、当社が手掛ける高級ホテルは将来の需要拡大が見込める。バンコク中心部ほか、チェンマイ、サムイ、プーケットと観光需要の高い好立地にある。ターゲットは国内外ともタイ人よりも、欧米人、ロシア人、中国人などを想定する一方で、世界中の人々を魅了する、例えばモルディブなど国際的に人気の場所に注力したい。日本のスキーリゾートへの投資にも関心がある。

——ＡＳＥＡＮ経済共同体（ＡＥＣ）発足に向けて商機が広がると思われます。どの国がポテンシャルがあると考えますか。一方、ＡＳＥＡＮ加盟国間の収入格差は、欧州連合（ＥＵ）のそれと比べても大きく、宗教も多様。国によってインフレや政治のリスクもあります。

トライティップ：当社はすでに、インドネシア、ベトナム、マレーシア、シンガポールに進出しており、存在感を確立している。ミャンマーには関心があり、準備をしている。ハードル・レート（投資案件に最低限求められる収益率）は独自基準に基づいて定めているが、今の指摘にあったようにベトナムやインドネシアなど特定の国は別途、特有のリスクを加味する必要がある。昨年に大きな投資をしたオーストラリアは規制が少なくリスクが小さい。だが、高リスク国でも魅力的な案件があれば、他の条件を照らし合わせて投資をする可能性はある。

グローバル展開と人事マネジメント

――人材の国際化を進めるために、どのような取り組みを行っていますか。

トライティップ：ホテル事業では、５つ星の信用を維持するため、基準に沿ったトレーニングが必須だ。外国のホテルに赴任する従業員は全員訓練させる。ゼネラルマネジャー（ＧＭ）は事前に最低６カ月間の標準訓練を受ける。ＧＭの任期は基本３年で、国をまたぐ配置転換もある。経験を共有するのが目的だ。外食事業でも、食品の品質・安全性やサービスの質を最重視しており、常に従業員の教育に注力する。タイの地方の店長も、毎月本社に研修に来させる。本社のマネージャーレベルの異動もある。

――有名な日本企業の中にも有能な人材を維持できない企業があります。また、タイ人は外国に赴任したがらない傾向もある。この売り手市場で、どうやって人材を惹きつけているのでしょうか。

トライティップ：当社はグローバルブランドを目指しており、人材もグローバルな質を求めている。従業員はタイ人に限定しておらず、20～30％は外国人。特にホテル事業のシニアマネジメント層の大半を占める。つまり人事を現地化している。今のところ、海外展開に必要な人材の質に問題はない。社内用語は英語が中心だ。

――日本企業の場合、日本本社とタイ現地の2つの賃金体系があり、優秀なタイ人であっても、現地で雇用されると日本で雇われた駐在員より賃金が低くなります。オーストラリアでも現地人の賃金水準がタイ本社を上回るという逆転現象が起こっているのでしょうか。

トライティップ：外国であれ、タイ国内であれ有能な人材は常にグループの経営陣に昇進できる仕組みを整えており、上に上がれるかは従業員の能力次第だ。タイと仕事量がほぼ同じオーストラリアの給与水準は現地の方が高水準なものだが、タイよりも生活費が高いということで、問題にはなっていない。ただし、同じ地域で同じ仕事をするのであれば、国籍によって賃金の差はない。

――経営幹部として、従業員を引き付ける秘訣は何でしょうか。

トライティップ：従業員に私を信頼してもらうことが大切だ。命令して強制的に働かせるのではなく、彼ら自身に胸元を開いてもらい、自分を信頼してもらうことで、チームワークを駆り立て目標に向かって進む。彼らが問題を抱えていれば、解決できるように助言したり、支援したりする。CFOという立場にある自分を、雲の上の存在ではなく、気軽に接することができる人だと思わせる。毎月、従業員の誕生会を催して祝い、身近な存在だと感じてくれることで、職場の環境が好転する。

私が現職に就任する以前は、当社は、管理がとても厳しい職場で、離職率が高かったと聞いている。仕事に対する緊張感は必要だが、今は従業員が快適に仕事をしてくれているようで、離職率は下がり、職場のパフォーマンスも向上した。

日本企業の課題

――タイへの外国直接投資の6割を占める日本とタイは同じボートに乗る運命共同体です。日本の経済の落ち込みは将来的にタイに大きく影響すると考えられます。日本企業とビジネスを行う上での問題点は何だとお考えでしょうか。

トライティップ：同僚らの話では、日本人は良くも悪くも保守的で、意思決定するのが遅い傾向がある。失敗のリスクが少なくなる良い面もあるが、物事を決めるとき慎重になりすぎると、競争相手が先に動いて、事業機会をさらうかもしれない。ボートがどの方向に向かっているか調査をする必要はあるが、パートナーが同じボートに乗りたいというときに、相手企業を先にボートに乗せておいて、日本企業は陸の上から、ボートを横から見たり上から見たりして安全性をチェックする。安全は大切であるが、あまり時間をかけ過ぎると、先に乗り込んだ乗組員はよい気はしない。取るべき時は、リスクを取るべきかもしれない。

——日本人駐在員はあらかじめ数年で帰任すると知っているので、現地の市場よりも本社を向いて仕事をしがちです。タイ側パートナーにとってはここが本拠地なので、双方の目指す方向にずれが生じる。どのように解決すればよいでしょう。

トライティップ：数年単位のローテーションは、長期的にビジネスを行うのに良くないと思う。本社にとって重要な市場であれば、現地の文化を理解し、全力を傾けることが必要だ。

【株式会社マイナー・インターナショナル】

ホテル運営会社ロイヤル・ガーデン・リゾート（RGR）を1978年に、マイナー・フード・グループ（MFG）を80年に設立。両社は88～89年にタイ証券取引所（SET）に上場し、2003年に統合してマイナー・インターナショナルが設立された。高級ホテルからファストフード店までをアジアだけでなく中東、アフリカにまで展開し、業績を伸ばしている。

【トライティップ・シワクリスクン氏】

(Ms.Trithip　Sivakriskul)

サシン経営大学院卒業後（MBA）、投資銀行、デロイト・トウシュ・トーマツ・コーポレート・リストラクチュアリング（タイランド）、PTTグループを経て、11年1月からラチャブリ・エレクトリシティー・ジェネレーティング・ホールディングスのCFO、同年12月から現職 。

タイの近代化に貢献する独企業

Bグリム・グループ
ハラルド・リンク最高経営責任者（CEO）氏

2012年2月28日インタビュー

●インタビュー企業：
Bグリム・グループ
B. Grimm Group
タイで創業120年を超える最古参の外資系企業。小さな薬局から始まったBグリムは、2つの世界大戦を乗り越え、空港鉄道や発電事業を含むインフラ、電気製品製造、アパレルなど幅広い分野に進出するコングロマリット企業へと成長を続けている。

●インタビュイー：
ハラルド・リンク氏
Mr. Harald Link
Bグリム・グループ最高経営責任者（CEO）

ラマ5世時代から存在感

――貴社がタイで築いてきた企業活動の特徴は何ですか。

リンク：当社の歴史は1878年に始まった。オーストリア人の青年アーウィン・ミュラーが、蚊によって媒介する感染症に悩まされていたタイに、西洋の進んだ治療薬を紹介しようと奔走していた。そこで友人で薬剤師のドイツ人、バーナード・グリムを誘って、薬局「サイアム・ディスペンサリー（後のBグリム）」を立ち上げたのが最初だ。会社は開業から間もなく、当時まだ数社しか存在してなかった王室御用達企業に認定され、現在の「ガルーダ」にあたる「トラーアーム」という紋章が下賜された。
当時のタイでは、国王ラマ5世が欧米列強による植民地化を防ぐため、近代化に着手していた。グリムはドイツから欧米の先端技術を紹介し、王室が指揮を執って進めていたバンコク北郊のランシット運河の開発などの国家事業に貢献した。同地に寺院を建設したほか、タイに初めて電報を輸入し、事業権を与えられた。百貨店も開業し、欧米の時計、宝飾品などをBグリムブランドで製造・販売した。

――長い歴史の中で、不運な時代もありましたか。

リンク：１９０３年にはバーナードと同じく薬剤師だった私の祖父、アドルフ・リンクが渡タイし、事業を拡大していった。その後、叔父であるガナード・リンクに事業を引き継いた。創業１３０年の長い歴史の中で第１次・第２次世界大戦中の17年と45年の2回、ドイツ国籍を理由にタイでの資産を没収されたが、戦後に返還され、無事に事業を続けて来た。
１９８０年代中盤にそれまでの販売代理店事業から、発電、製造、不動産事業に加え、世界的な大手企業との合弁事業に注力するコングロマリット化に方針を転換し、私が１９８８年に社長に就任した。現在の主軸は発電事業で、発電所をタイで３ヶ所、ベトナムで1ヶ所を展開しており、3ヶ所で建設中だ。ほかにエアコン、医療機器製造で欧米メーカーと合弁会社を経営している。

「おもいやり経営」の継承

――事業を受け継いだ際に何か変化はありましたか。

リンク：叔父には子供がなかったので、当時23歳だった私を後継者として迎え入れた。事業を引き継いだ際、私は叔父から我が社の株式を譲り受けたが、恩に着せるようなことを言わなかった。彼が伝えてくれたのは、預けられた事業をしっかり誠意と責

Bグリムのハラルド・リンク最高経営責任者（CEO）

任をもって引き継ぐという教え「スチュワードシップ（stewardship、財産の預かり人）」だった。経営を継承した後継者が無謀な経営に走らない願いが込められている。

会社の経営については、「常に最高の品質に向かって努力する」、「技術者が実践を学ぶ『大学』として存在する」、「常に社会にとって良いことを行う」と3つの指針を示した。

叔父はまた、年齢で相手を評価しない人で、相手が60歳であろうが20歳であろうが、「道理にかなっているか」「価値があるか」を基準にすべての意見を同等に扱った。

――貴社の経営理念である「Doing business with compassion」について詳しく教えてください。

リンク：当社の経営理念は社章（「暁の寺」にある仏塔）にも反映されている。「Compassion（慈愛、おもいやり）」とは、相手の幸福をともに喜ぶ、相手の不幸を分かち合い、取り除いてあげたいと願う気持ちだ。当社の過去の経営者たちは、自分が何を得られるかではなく、社会に対して何ができるか、何を与えられるかということを常に第一に考えてきた。このことを私はとても誇りに感じる。どうやって思いやりを持って生きていくかなど、仏教はよい教えを説いてきた。

――この理念・文化をどのように従業員に伝え、実践させていますか。

リンク：経営で難しいのは、熱意を持って仕事をする人材をどうやって見つけるかだ。生きることを大切にし、人に会うことが好きでなければならない。具体的には自分自身でモチベーションを高め、他人とよい関係を築ける人材を求める。社内では、お互いが助け合いながら仕事をする職場環境を作るよう心掛けている。出世を巡って競争したり、足を引っ張りあったりする環境では良い仕事はできない。そのためには顧客に対して笑顔で接する姿勢だけではなく、家族や同僚、すべての人々が幸せになれるように、日ごろから最善を尽くすという道徳が必要だ。

ビジネスとは「ギブ・アンド・テイク（持ちつ持たれつ）」とある人は言う。だが、私の答えは「ギブ・アンド・ギブ（与え続ける）」。ギブしたくない人からテイクする方法がないからだ。どうやって他の人に幸せを提供できるかを考える。ビジネスだけでなく、生活の中で思いやりを実践することが大切だ。

――**貴社は様々な社会貢献活動を行っていますね。**

リンク：善行をすれば良いことが帰ってきて、悪行をすれば悪いことが振り掛かる。ただ、何もしなければ何も期待できない。当社は「小さな科学者」という子供たちに科学を学んでもらうためのプロジェクトほか、バンコク・シンフォニー・オーケストラなどの活動を支援している。

――外国企業にとって、タイでビジネスをする利点とは何ですか。

リンク：タイはとてもオープンで特別な国だ。他の国は短期間滞在の外国人を単なるお客とみなすが、単語を5つでも話せれば、「あなたはタイ人になるべきですよ」と道端で言われる。人として、個人として歓迎する態度を示すとても寛大な国民である。直面する問題に対して、上手く切り抜ける能力に長けている。政情が不安でも経済が動いており、輸出が続けられる。2011年の大洪水の際も、一丸になって立ち向かった。

ドイツはシステム志向だが、タイは即興に近い。タイで事業を行う外国企業がさまざまな危機に直面したときに、こういったタイ人の気質に大きく助けられることがある。日本は長期に渡り国際協力機構（JICA）などを通じて、タイに多くの技術協力をしてきた。外国から学ぼうとするオープンな気風があるので、タイへの技術的な貢献はとても価値のあることだ。

第3章　アジア・世界に展開する在タイ企業

【Bグリム・グループ】

タイの文明開化期だったラマ5世時代（在位1868年～1910年）から続く伝統を持つドイツ企業。現在はインフラ(独シーメンスなど)、製薬(独メルク)、アパレル（英バーバリー）、化粧品（仏ロクシタンなど）を手がけるコングロマリット（複合企業）に転換している。住友商事、工業団地開発大手アマタ・コーポレーションとの合弁会社アマタBグリムパワー・グループは発電事業を展開。発電所をタイで3基、ベトナムで1基操業しており、タイでは発電公社(EGAT)へ売電を行なっている。

【ハラルド・リンク氏】

(Mr. Harald Link)

Bグリム・グループ会長。1955年スイス生まれ。スイスのSt.Gallen Business School でMBA取得後、78 年にBグリムに入社。87年から同社CEO。これまでタイ王室（白象勲章など）やドイツ政府から多数受勲。夫人はリヒテンシュタインのアッスンタ王女。

第4章

日本企業へのメッセージ

本章では、前章までのインタビュー内容を踏まえて、タイで事業を展開している異業種・異国籍の企業経営者に対して等しく用いた質問項目と、オープンディスカッションの際にそれぞれの経営者が共通して挙げた経営上の課題や今後の展望のうち、重要と思われる項目について詳しく取り上げていきたい。

タイを基点とした地域戦略：「陸」のアセアンと「海」のアセアン

ＡＳＥＡＮはインドネシア、シンガポール、タイ、フィリピン、マレーシア、ブルネイ、ベトナム、ミャンマー、ラオス、カンボジアの10カ国で構成されている。域内の総人口は6億人を超えており、２０１５年12月末には、ＡＳＥＡＮ経済共同体（ＡＥＣ）として経済的に統合される方向で準備が進められている。ＡＳＥＡＮは、「物理的なつながり」、「制度的なつながり」、「人的なつながり」という3つのレベルのコネクティビティー（つながり）の向上を目指すものであるが、ＡＥＣは、このうち「制度的なつながり」を強固にするものと位置づけられよう。しかし、このように大きな注目を集めているＡＥＣであるが、２０１５年末を境に、この地域に劇的な変化が起こり、6億人を超える単一市場が突如として出現するというような思い込みは避けなければならない。たとえば、関税に関して、後発4ヵ国（カンボジア、ラオス、ミャンマー、ベトナム）では、２０１８年までに徐々に関税が撤廃される予定であるが、インドネシア、シンガポール、タイ、フィリピン、マレーシア、ブルネイの先発6カ国間では、一部例外品を除いて既に対象品目の9割以上の関税が撤廃されている。また、ヒトの動きに関しても、高度人材に特定されているような労働者は、すでに国境を越えて動いており、こうした変化は、２０１５年末を待つまでもなく、既成事実として現在進行形で進展しており、今後さらにその動きを加速させながら変容を続けていくことになる。つまり、ＡＥＣに合わせるのではなく、その先を見据えた対応こそが、いま求められているのである。

このような変革期にあって、タイにおける事業のどの部分を継承し、どの部分を適応させていくべきなのか。不均一性と多様性に特徴づけられるＡＳＥＡＮを、どのように捉え、事業展開をしていくことが可能なのであろうか。10カ国の間の制度的統合の在り方を注視すると同時に、いまだ根強く残る各国の間にある違いを尊重することで、経営機能の統合と適応のバランスを図らなければならない。その解決策の一つが、「陸」のアセアンと「海」のアセアンに分類する考え方や、タイを基点としたメコン地域を一つの単位として捉えていくという考え方である。

この点につき日本企業ほか多くの企業との合弁を展開し、タイの消費財王と称されるサハグループ会長であるブンヤシット氏は、「ＡＳＥＡＮは、北側と南側の2つに分けて考えるべきだ。北は仏教国のタイ、ミャンマー、ラオス、カンボジア、ベトナムと陸送が可能な地域、南は島しょ部で、キリスト教、イスラム教が主であり、文化的な背景も大きく異なる。また、南北では、商売のやり方、流通の形態が大きく異なる。当社は、タイをハブに北の地域に力をいれていく考えだ」と自社の地域戦略を語っている。また、アジア有数のエネルギー企業であるタイ国営石油公社PTT社長のパイリン氏も、「アセアンを二つに分けて見るべきだ。北側の陸のアセアン、すなわちGMS（Greater Mekong Subregion：大メコン圏）であるタイ、ベトナム、ラオス、カンボジア、ミャンマーの仏教国から成る地域で考える。ここでは、タイが中心的な役割を果たすが、なかでも、ミャンマーは中国、インド両国と国境を接する地政学的に、特別な位置にあり重要である。ミャンマーは陸のアセアンのゲートウェイ（玄関口）である。一方、南側の海のアセアンは、仏教、イスラム教、キリスト教と多様だ。中心となるのは、シーレーン（航路）を支配するシンガポールだ。陸のアセアンではインフラ整備が進んでおり、海のアセアンと同様にさらにその重要性を増していくことになるであろう」と同様の視点を語っている。

メコン流域諸国の一国一国は小さいが、これをGMSという括りで捉えると人口は2億3千万人、中国及びインドの人口を加えると30億人市場という大きな可能性を持つ地域である。この地政学的な重要性を企業トップは正しく理解し、ASEANという括りではなく、陸と海のアセアンとして捉えているのである。そして、このGMSの中心に位置するのがタイである。

多くの経営者が注目する陸のアセアン内のコネクティビティは、ＧＭＳを縦横断する経済回廊によりさらに拡充されるものと期待されている。特に、当該経済回廊のうち、東西回廊と南部回廊は、東側の南シナ海と西側のインド洋を結びつける一大物流ルートとなる。陸のアセアンの発展のスピードと規模のカギを握るのが、バンコクから陸路でわずか３００㎞の位置にあるミャンマーのダウェイ港の造成である。現在、タイで生産された自動車をはじめとする工業製品は、レムチャバン港から南下し、マラッカ海峡を経由して各国に輸出されている。しかし、ダウェイ港が完成すると、バンコク・ダウェイ間を陸路で運び、ダウェイ港からインド南部の工業都市チェンナイ（インドのデトロイトと呼ばれる自動車生産拠点）とバンコク（アジアのデトロイト）を結ぶルートが邂逅する（藤岡２０１３、松島２０１３）。また、南北経済回廊が本格的に利用されるようになれば、バンコクからラオスを経由しながら、陸続きで中国南部の市場へも直接アクセスが可能となる（図表１）。

このように、ＡＳＥＡＮという制度上の広い括りではなく、企業経営の観点からは、「陸アセアン」と「海アセアン」という分類が有用であり、その潜在可能性を開花させるカギとなるのが各種経済回廊というインフラの機能性の向上とミャンマーのダウェイ深海港の

図表１：
大メコン圏の経済回廊を活用した中国・インド戦略

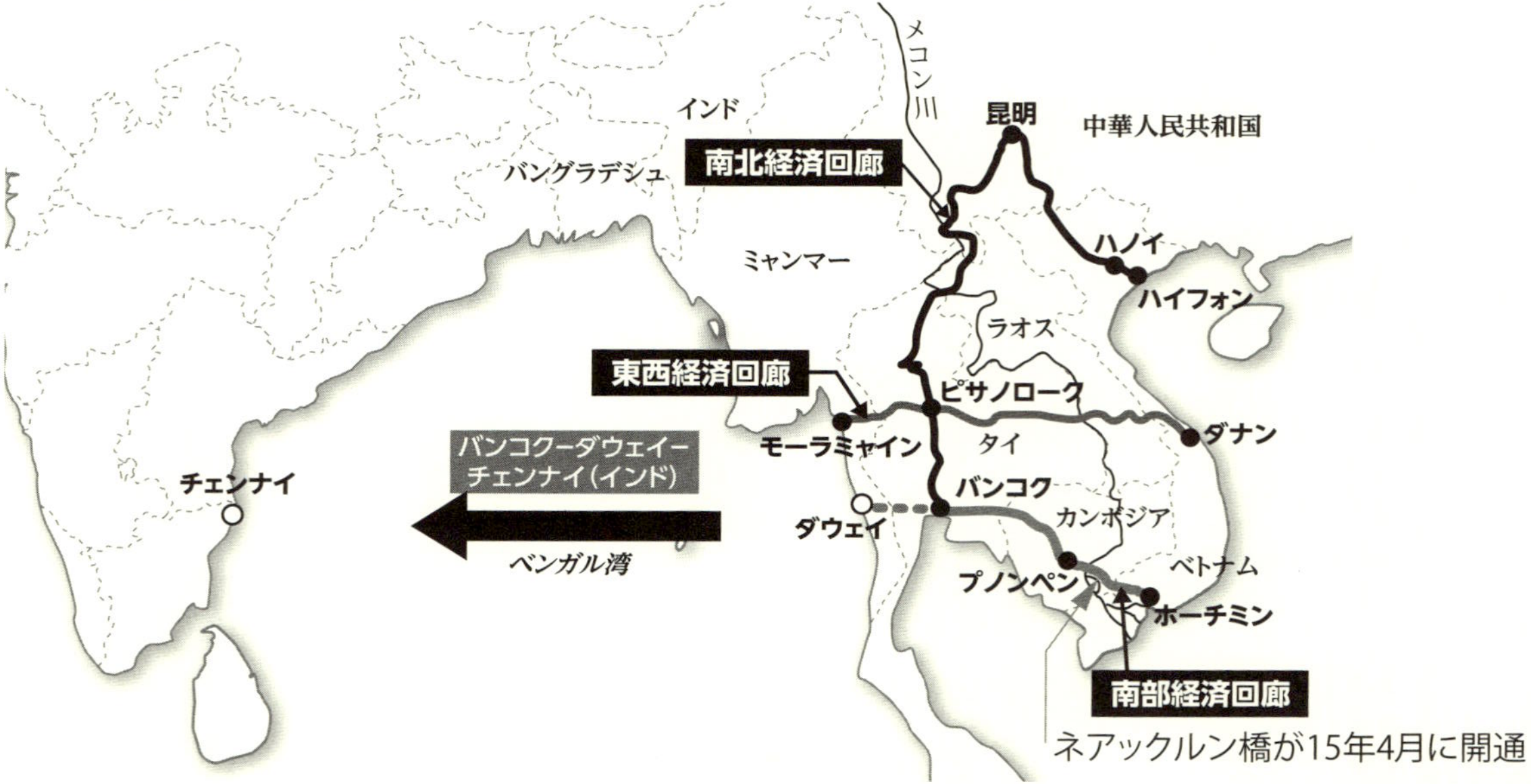

（出所：外務省「ともに未来へ、日本とメコン」などをもとに作成）

整備である。その際に、地政学的にもその中心に位置するタイを基点とした事業戦略を描いておくことは、AECの先を見据えた方向性を捉える上で不可避であるといえる。

パートナーシップについて

日本企業の海外展開、特にタイでの事業展開に際して挙げられることの多い課題の一つが現地パートナーとの関係構築である。戦略的提携はもとより、タイでは業種によっては、外資規制の関係からタイ人又はタイ企業とのパートナーシップ（資本関係）が求められる。食品製造大手ハウス食品グループとタイの消費財大手オソサファフーズ社との合弁企業ハウスオソサファフーズ会長の谷原氏は、「海外で商品を売るには、マーケティングの鉄則である4P（製品、価格、場所、販売促進）にパートナーを加えた5Pが必要になる」と語っている。サハ・グループのブンヤシット氏は、パートナーを選ぶ基準について、「相手が大企業か、中小企業か、規模は関係なくその企業にイノベーションがあるか、タイでナンバーワンになれるかどうかで判断する。日本でナンバーワンの商品をタイに持ち込んで、ナンバーワンになれるか。そう簡単にはいかない。タイで売れるか、勝負できるかを冷静に判断する」と語り、「昔の日本企業は、タイで成功する確率が高かった。なぜなら、自分が足りない部分をよく認識しており、謙虚な姿勢で、単独ではタイ市場で自信がないので、現地企業としっかりとタッグを組んでいた。特に、マーケティング面は、現地パートナーへの権限移譲が強かった。…日本企業はまだ海外をあまり知らなかったので、当社に多くのことを任せてくれた。あの頃は、欧米ブランドが市場を抑えていたが、サハの従業員が『兵隊』となり市場を切り拓いてきた」と当時のパートナーとの明確な役割分担を振り返っている。

化粧品製造大手マンダム社の執行役員（当時）山下氏は、経営者の意思決定という文脈の中で「海外でのパートナー選び一つをとっても、とことん突き詰めて考え抜いて答えを出すというプロセスをないがしろにする日系企業は多い。結果的に、後になって目的を見失うケースもあり、パートナーの責任にしてしまう。海外に出るとき、なぜパートナーが必要なのか。具体的にどの部分の支援が必要なのかを本当に分析できていないのではないだろうか。技術、ブランド、資金、人材などはそろっているが、現地で流通チャネルや労務管理のノウハウが日本本社にないのなら、そこを完全に任せられる最高のパートナーを選ぶ。そうすれば、自社でもできないことなのだからと潔くなれる」と述べ、経営者として、安易な責任転嫁を避けるという基本的姿勢を強調している。グループ総売り上げ4兆円を超すアジア最大級のアグリビジネス企業であるＣＰ社と乳業大手の明治乳業（現、株式会社明治）との合弁であるＣＰ明治社の社長であるプラシット氏は、当社の成功要因としてコミュニケーションの円滑化と継続に加えて、それぞれの役割分担を明確にしておくことの重要性を挙げた。同氏は、「私は日本人副社長と毎週１時間程度、定期的に会う。特に議題がなくても、最新の情報を交換する。明確にお互いを理解するために、通訳を通してでも必ず対話をする」と述べ、「ビジョンと目標を達成するために『ＣＰ社と明治乳業社それぞれが有する価値とは何か』『事業面で互いにどのような貢献ができるか』『どちらが何をして、相手に何を任せていくのか』を明確にした」という。日本側が製造、品質管理プロセスを、タイ側がマーケティング、販売、人事、ＩＴ、ロジスティクス、戦略、投資を担っており、人材や販売面などいくつかの機能面では協力し合うことで、役割分担がうまくいっているという。

異国かつ変化のスピードが速い新興国市場において成功するためには、自社の能力を補完してくれる現地のパートナーの存在が重要となる。企業トップのコメントからは、自社の強みと弱みを知り、現地の経営のために何ができて何ができないのかを明確にした上で、協力を得たい部分で謙虚な姿勢を持ちつつも、信頼できるパートナーを探す、というプロセスを見ることができた。ここで注目すべきは、成功企業の経営者は、総じて自らの業績の悪化や課題を相手の責任に転嫁することなく、相手を尊重したうえで課題を共に解決していくという姿勢が重要であることを強調しており、日本企業のマネージャーがついつい口にしてしまいがちな「タイ側」が「タイ人」がという表現を使うことなく、「私たちは」と用いていることからも分かるように、パートナーを信頼し、一体感をもって経営にあたっているという事実である。

現地企業との提携は、結婚と同じであり、結婚を考える際に問題となる事項の多くがパートナーシップ締結とその継続に際する課題と共通する。特に、国際結婚の際は、なおさら衝突が生じやすいのである。企業の国を跨いだ国際アライアンスに関する実証研究では、研究結果によってバラつきはあるものの、約35-70%の割合で失敗に終わることが指摘されている(Park & Ungson 2001)。こうした研究から得られる示唆は、パートナーシップとは、一方向的なコミュニケーションではなく、双方向の営みであるということをいま一度胸に刻み、信頼醸成のプラットフォームの構築に力を入れていかなくてはならないということである。タイをはじめとする新興国の市場としての重要性が高まる中、現地に棲み込み、客観的に自らを見つめ直す機会を増やしながら、現地パートナーや現地のマネージャーとの「価値共創」を志向していかなくてはならない。つまり、相手の粗を探す前に、自分自身を省みながら、相手の立場でコミュニケーションをするという人として当たり前の姿勢が海を越えた経営においても求められるのである。「理」にかなった経営であることは大切であるが、同時に「納得感」がなければ現地の組織は動かないのである。経営者たちの言説からは、現地のマネジメントで障壁となる大きな要因は、実は日本とタイの文化の違いなどではなく、「信頼関係の欠如」であるという示唆を得ることができる。

タイでの人材マネジメント：コミュニケーション

バンコク日本人商工会議所が年二回実施する『日系企業景気動向調査』により取り上げられている、在タイ日系企業が直面している経営課題（複数回答）をみてみると、2014年より過去3年（計6回）の上位3項目は、「他社との競争激化」（69%）、「総人件費の高騰」（48%）、「マネージャー人材の不足」（48%）（出所：2014年上期日系企業景気動向調査）で変動がない。また、より直近の調査では「従業員のジョブホッピング」が経営課題であるという回答が増加傾向にある（2013年上期、下期は5位、2014年上期は4位　出所：同調査 2011年下期乃至 2014年上期）。このように、他社との競争環境を除くと常にタイビジネスにおいて重要視される経営課題はヒトに関する問題であることが分かる。特に、従業員のジョブホッピングの問題は、各種セミナーや報告書においても、経営者の悩みの種として常に取り上げられている項目である。しかし、これは、タイに特有な文化的な問題なのであろうか。タイ人は、中国人は、という言葉を聞くたびに、こうした疑問を常に持ち続けていた。というのも、私が、日々接する優良企業の経営者たちは、日系・非日系に限らず、あまり、このような表現を使わないからである。実際に、過去3年にわたり本プロジェクトで対話をしてきた20社を超える経営陣からは、ジョブホッピングに対する不満やタイ人気質が問題となっているケースは皆無であった。たとえそうした問題がある場合でも、それを「内なる」問題として捉えることで、正面から向き合っている。なぜこうした違いが生まれるのであろうか?

従業員4000人規模の会社としては珍しく労働組合がないという自動二輪車等メーカー、ヤマハのタイ法人タイ・ヤマハ・モーターは、労使トラブルも少なく、従業員の離職率も他の日系企業と比べると格段に低い。社長（当時）の永島氏は、「私たち日本人だけではなく、タイ人幹部でも、従業員を大切にしなければ成り立たないという当たり前のことをよく分かっているので、彼らの声に真剣に耳を傾ける。給与・賞与などについては、

200人のタイ人マネージャーを通じて従業員に伝える。日本人とタイ人、経営陣とスタッフのコミュニケーションに問題がないかを探る目的で、年に2回全員を集めて無記名のアンケートを実施し、真剣にコミュニケーションの改善に取り組む。コストや労力はかかるがコミュニケーションをこれだけ大切にしている、現場の声に耳を傾けているという姿勢を見せることが大切である」とその工夫について語った。

400名を超える従業員の離職率がわずか年間1・8%というプレス加工、プレス金型大手のオギハラ（タイランド）社長（当時）の森田氏は、着任後、「社長が従業員側に立つ」ことを前提に、何度も話し合いをしたうえで、労働組合を解散させたというエピソードを語った。「ビジョンを語り、取締役や株主に対して、会社側ではなく、従業員の側に立つからと約束した」という。「賃上げと賞与については取締役会や株主総会に出席する森田氏が、取締役に掛け合って、社長以下全員で勝ち取るという演出をする。また、フェイスブックでのコミュニケーション、親睦会、誕生日会などで従業員との交流を積極的に図る。スポーツ大会や、制服のデザインや食堂のメニューの変更、送迎バスの停留所を増やすなど、お金をかけずにできるような従業員の要望には即応するという信頼関係構築とコミュニケーションの深さがマネジメントの秘訣」とした。また「当社の従業員は高卒以下が全体の53％、職業訓練校卒が15％を占め、大卒はわずか。そこで、就学を奨励しており、及第点を取ることと、5年間は会社を辞めないという条件で、夜間高校なら年間4万バーツ（2015年1月のレートで約14万円）、大学院なら年間12万バーツ（約40万円）の授業料と書籍代を支給する教育プログラムを実施している」という。「タイ人の立場に立ってものを考え、単に労働力としてタイ人を見ない。そうすれば労使関係もうまくいく。日本人と同じでタイ人もウェットだから、この国にとって良いことをしようと思って付き合えば、心が伝わり、彼らもついてくる」という。同社はこの思考と実践によりジョブホッピングの問題を解決している。

従業員の離職やジョブホッピングは、当社に関して心配はない、という大手自動車メーカー、ミツビシ・モータース・タイランド社長（当時）の村橋氏は、自社の従業員を維持する取り組みについて、「一つは、給与の差などで従業員が取られるという環境にあるため、給与の上限の見直しを毎年行うこと、次に、優秀な大学生を新卒で定期採用すること」の二つをあげた。「大卒の半分は海外に勉強に出ることが昔のイメージだったが、今は10人採用して1人行くかどうかだ。海外へ出る優秀な社員が辞める時も、必ず帰ってきたらいつでも戻って来てくださいと伝え、会社が必要としているスタンスを伝える」と語る。また、「タイ人は昔から週5日労働が当たり前で、たくさん働くことに嫌悪感を抱く人も多い。当社は組合に対して残業代を割り増すからやってくれと頼んでも、答えは『ノー』だ。かつて『タイ人はレイジー（怠惰）だ』と批判する日本人もいたが、タイ人は昔から『楽しい職場＝人生の一部』という、ある意味で先進的な発想をしてきた」と述べた。

タイで電源開発やインフラ整備を行うドイツ系優良企業であるBグリム社会長のリンク氏は、自社の経営理念であるDoing Business with Compassion（思いやりを持った経営実践）を、社内のみならずさらには従業員の生活においても浸透させるとする。「Compassion（慈愛、思いやり）とは、相手の幸福をともに喜ぶ、相手の不幸を分かち合い、取り除いてあげたいと願う気持ちだ。…社内では、お互いが助け合いながら仕事をする職場環境を作るよう心掛けている。出世を巡って競争したり、足を引っ張り合ったりする環境では良い仕事はできない。そのためには顧客に対して笑顔で接する姿勢だけではなく、家族や同僚、すべての人々が幸せになれるように、日ごろから最善を尽くすという道徳が大切だ」という。

グローバルに流通、販売などを含む市場拡大支援サービスを提供するスイス上場企業であるDKSHタイランド社長で本社役員（当時）のソンブーン氏は、離職率に関する問題はこれまであまりなかったとし、年齢が上の世代は離職率がかなり低いが、「入社間もない若手の従業員をいかにつなぎ止め、維持するかは、当社に限らず他の会社にとっても課題になっている。新卒者は豊かな家庭に育ったものが多く、これまでのように豊かになるために、我慢をして働くという感覚はなく、仕事の内容や上司や同僚との関係などの職場環境が大切である」という問題意識を口にした。同社はこの若い世代をつなぎとめる工夫として、ソーシャルメディアのコミュニティを社内に構築し、社内での友人関係構築を推進しながら、楽しみながら仕事をしてもらえるように工夫をしているという。さらに、社長自らが従業員とコミュニケーションをとるために「Meet and Greet the President（社長と会って話そう）」という取り組みを通じて小グループで全従業員と直接対話をする機会を定期的にもつという。ホテル業、外食業をアジア、そしてグローバルに展開するマイナーインターナショナル社CFOのトライティップ氏も企業の成長の秘訣として、従業員とのコミュニケーションを挙げ、「CFOという立場にある自分を、雲の上の存在ではなく、気軽に接することができる人だと思わせる。毎月、従業員の誕生会を催して祝い、身近な存在だと感じてくれることで、職場の環境が好転する。私が現職に就任する以前は、当社は、管理がとても厳しい職場で、離職率も高かったと聞いている。

仕事に対する緊張感は必要だが、今は従業員が快適に仕事をしてくれているようで、離職率も下がり、職場のパフォーマンスも向上した」とその取り組みの成果を語っている。

マンダムの山下氏は、「ジョブホッピングを完全に無くすことは無理だ。ただ、それで諦めるのではなく、従業員を階層別にみる必要がある。下の層は50％が残ればよしと割り切る。…その上の層は80％、さらにその上の層は90～95％を定着させる。どの層の人材が戦略的に重要なのか、財産となる人材なのかを考えていかなければならない」と人材マネジメントを階層的にとらえることで、ジョブホッピングの問題を戦略的観点から定義していくという視角を提示した。そのうえで、「世代別、部門別でキープレイヤーとなりそうな人材については、私自らが徹底的に話しかける。…ビジョンを語りかけると目の色が変わってくる。エリート意識を持たせる一方で、キツイ仕事を任せ、プロジェクトを任せるなど高いハードルを与えて、強靭に鍛える。『この会社に求められている。その先にこんなキャリアが待っている』と思わせれば、優秀な人材ほど離職しない」と戦略的に優秀な従業員を維持していくための手法を紹介した。

当然のことであるが、実行なき戦略は、絵にかいた餅にすぎないのであり、戦略の実行はリーダーだけでの問題ではない。つまり、各種のフレームワークを用いて分析的に「ブルーオーシャン」を探索するのみならず、立案された戦略を日々の実践に落とし込んでいかなくてはならないのである。戦略を実行に移すためには、従業員が言われるがままに動くのではなく、企業の理念や目標を共有し、何を求められているのかを理解したうえで（Shared Understandings）、積極的に戦略の実行に関与していくことが不可欠であり、その核となるのがコミュニケーションである。つまり、「正しい」戦略を策定することが重要なのではなく、戦略が「適切に」実行に移されることが重要なのである。

先の事例にみたように、離職を防ぐためのコミュニケーションは、従業員と経営層の交流を工夫することに加えて、従業員同士の交流を促す工夫や、従業員の声に真摯に耳を傾け、従業員の要望に応える「姿勢」を繰り返し何度も見せていくことで、伝わるまで根気よくやり抜くという点につきる。タイ人の力を最大限発揮してもらうための職場づくりは、現地の経営者に課せられた課題であるが、タイ人の性格に偏見を持って考えることや、仕事の仕方を日本人と比較して、問題視することのみでは経営者の役割を果たしているとはいえない。離職やジョブホッピングが経営に及ぼす影響を少なくするという視点から、戦略的に人材マネジメントに注力するという山下氏の取り組みは、組織成員すべてに対してキャリア・ディベロップメント・プランを描くことが現実的ではない状況にあって、企業活動のコアとなる職務と末梢的な職務との重要性を弁別するという考え方であり、注目に値する。

いずれにせよ、山下氏の取り組みは、問題を「外」（タイ人側）の問題として片づけてしまうのではなく、種々の制約がある経営という実践のなかで、ヒトの問題を、みずからの「内」なる問題として、正面から取り組み、試行錯誤を通じて、最善の解を求め続けていくべきであるという、新興国ビジネスの要諦を穿つ実践である。タイ人だから話せば理解してくれるだろう、何とかなるだろう、という甘えではなく、タイと日本では「似て異なる」という当たり前の現実を受け入れることからスタートしなければならないのである。

現地で売り抜く戦略：「高」品質と「過剰」品質は紙一重

タイをはじめ、新興市場で製品・サービスを販売・提供する際に、日本のやり方がそのまま通用しないことは明らかであるが、以下では、現地で売り抜く戦略のポイントについてみていくことにしたい。

ＣＰ明治社長（当時）のプラシット氏は、「消費者の目が厳しく、競争が激しい日本市場き残るために日本人は、商品の細部まで細心の注意を払う。商品の品質、パッケージ、デザインを考え抜く」と評価しながらも、「日本企業は、タイの消費者の求めるものは日本人と同じと考えがちだが、重要と思われるパッケージの完成度などに対して、日本の消費者は敏感だが、タイや他の国ではさほど重要ではないということを理解することが難しい面がある」と、消費者が求める品質水準が異なることを指摘した。また、同氏は、「日本水準の完成度を求めることに、時間とコストをかけ過ぎてしまうことが、市場シェアを巡る競争において、不利になることがあり、その品質を価格に転嫁できる訳ではない。日本では、老人にでも片手で簡単に開けやすいことなどにこだわりがあり、素晴らしいことであるが、タイでは、ハサミを使うことが当たり前なので、そこに追加コストを払ってまで価値を見出さない」ことに言及している。また、サハ・グループのブンヤシット氏は、サハ・グループの合弁先である韓国企業サムスンの例を挙げ、サムスンが日本の家電メーカーが手を付けていなかった小型テレビで商機を見出したことを紹介した。これは、サハの助言によるものであり、「日本企業は儲からない小型テレビから24インチなど大型商品に軸足を移していた時期で、サムスンは安価な小型テレビの空間に戦略的に参入した。日本企業は、高付加価値製品へのシフトを急いだが、新興国で求められていたのは、日本から見れば、必要最低限だが、現地の人々にとっては十分な水準かつ適正に価格づけられた製品であった」からだという。かつてタイの電子・家電製品市場を席巻した日本メーカーの製品は、韓国、台湾、中国メーカーの製品に取って代わられていることの一因を指摘している。

ここで大切なのは、日本品質が例え「高」品質であっても、必ずしも「適正」品質ではないことを認識することだ。この違いは、売り手である日本側や技術者に解がある「絶対的」なものではなく、買い手である現地との対話を通じて見出すべき「相対的」なものなのである。日本の品質・サービスをそのままのスタイルや価格で持ち込んでも、場合によっては相手にとって「過剰」品質となってしまい、現地で受け入れられないことになる。相手なき独り善がりの品質の追及は、コスト高を招き、現地の適正価格を超えてしまうことになりかねない。日本企業には、良いものを作れば売れるという「プロダクトアウト」の発想ではなく、製品やサービスを現地の市場、ライフスタイル、ニーズなどに合わせるために、現地のマーケットと一緒になって、製品やサービスの価値を共創していく「マーケットウィズ」という発想が求められる。

それでは現地のニーズはどのようにして捉えたらよいのか。この点について、マンダムの山下氏は、マンダムの新興国ビジネスの戦略について、「何を買ってもらえるか、なぜ買ってもらえるかを素直に知るところから始まった」と述べ、「たとえばふたを回すよりフリック（押し上げ）式の方が日本人は簡便性が高いと言うが、現地の人はそれに本当の価値を見出すのか」日本基準を疑って丁寧に確認する作業を行ったという。ミツビシ・モータース・タイランドの村橋氏は、タイで好調なピックアップトラックを改造したモデルであるパジェロスポーツの成功要因について、「顧客の意見を聞きながら、日本からの視点ではなく、現地の視点で、エンジンのVG（可変容量）ターボ化やエアコンダクトの位置の変更などコストをかけるべきはかけ、日本ではなくては話にならない部分であっても現地の視点から（コストとベネフィットの関係から）、削れる部分は削り、絶えず改良を重ねてきたことが販売を伸ばしている要因」と振り返る。

ハウスオソサファフーズの谷原氏は、試食の段階では、タイ人の人気を集め、好感触を得たことで、販売を決定した炊き込みごはんの素が、販売企画段階に入ると「パウチの中が見えない」、「賞味期限が1年もあるのはおかしい。何か体に悪いものでも入っているのではないか」というタイの消費者の否定的な声を受け止め、販売を取りやめたエピソードを紹介した。このギャップについて、谷原氏は「タイ人は優しく、人前で否定的なことを言うことを好まないため、日本人が一生懸命作った製品を試食した際に、気分を害さないように、気を遣って好意的なことばかりを書き込んでくれる。それを鵜呑みにしてはいけない」という注意点を挙げた。この経験を糧に、同社は、ビタミンC飲料の開発段階で、日本人主導ではなく、タイ人主導で製品コンセプトを固めていった。日本側は、新商品として、調査では受けの良かったパイナップル味の開発を提案した。しかし、前回の反省を踏まえ、タイ人従業員の声を注意深く拾い集めたところ「パイナップルは、タイにはありふれており、安っぽく、何のありがたみのない果物」という厳しい声が上がった。そこで、代わりにタイ人主導で提案されたコンセプトで、技術的にも難しく、日本での経験がない、ザクロ味の商品を開発・販売し、順調に業績を伸ばしている。

こうした、各社の取り組みを見ると、消費者の声、現地従業員の声を取り入れる柔軟性、並びに日本の基準や「当たり前」と考えられる思考自体の前提となっている事実、つまり「当然のコト」として受け入れられている（deeply embedded and rarely questioned）制度化された事実（組織の当初の意図自体）を問い直す学習、いわゆる、ダブル・ループの学習（Argyris 1977）が大切であることが理解できよう。こうした試行錯誤の実践が、学習の仕方を学習する「二次学習」（deuteron learning）に繋がるのである。現場の従業員は、深刻な問題を訴えても、それが重視されないということを経験すると、自らの提案が真剣に議論されることはないということを学習し、次からは深刻な問題自体に疑問を持たなくなってしまう。これを組織学習の言葉では、熟練した無能力（skillful incompetence）というが、能力があるにもかかわらず、それを本社に根気強く伝えていくことを諦めた人材が多く日本の組織内にいると感じるのは私だけではないはずである。

変えて良いものと変えてはいけないもの

製品・サービスを現地化する上で、各企業からは、「変えていいものと変えてはいけないもの」という議論が繰り返し出てきた。マンダムの山下氏は、「日本企業として日本品質やブランド、いわゆる矜持は大切にした。品質、香りの良さなど落としていけない部分は保ちながら、（消費者に受け入れられる価格にするため）カートンボックス、小売箱など（包材）を極限までコストダウンする」と語り、ハウスオソサファフーズの谷原氏は、「デザインや容器、場合によっては商品名も変えていいが、品質、特性といった商品の根幹には一番こだわる。C-vitt（ビタミンC飲料）であれば、どこの国でも1本でビタミンCの一日の必要摂取量を確実に補給できるようにする」と述べた。この変えても良いものと変えてはならないものを整理し明確にしておくことが大切である。つまり、日本本社と海外子会社の関係を議論する際に必ず出てくる「統制」の在り方、マネジメント・コントロール・システム（MCS）を、現地の市場としての重要度の高まりや、変化のスピード、現地人材育成状況などに応じて柔軟に用いていくことが肝要となる。

サイモンズ（1995）によれば、MCSには、信条のシステム、境界のシステム、診断のシステム、双方型のシステムという4つの補完的かつ異なる利用方法があるという。「変えていいものと変えてはいけないもの」、マンダムの山下氏はこれを「矜持」と表現したが、その判断の基準が明確になってはじめて、現地への適応が可能となるのである。ややもすれば、日本企業の海外経営は、数字による結果ベースの診断型のMCSの利用に偏りがちになる。日本企業の海外経営においては、日本国内のビジネスでは、意識せずとも既に浸透し無意識に利用できた、信条のシステム（企業理念や経営理念など組織の理念を明確にするシステム）・境界のシステム（組織の行動の限界を明確にするシステム）を海外においても確実に機能させ、その上で、抽象と具象の往復運動を可能にする双方向型のMCSの利用により戦略を活動レベルに落とし込んでいくことや、戦略的前提を練り直すという作業が肝要となる。Bグリムのリンク氏も、「当社の過去の経営者たちは、自分が何を得られるかではなく、社会に対して何ができるか、何を与えられるかということを常に第一に考えてきた」述べ、先述した「Doing Business with Compassion」が当社の信条であることを全従業員そして取引先が理解していると指摘する。

また、経営理念という観点から、マンダム社では、日本語で書かれた経営理念などが書かれたハンドブック（The Philosophy of the Mandom Group）という片手で持ち運ぶことが可能な冊子を英語とタイ語で作成している。これは、「通訳任せにして、翻訳することはせず、タイ人の従業員と共に、一言一言時間をかけて、難しい言葉やタイにはない表現があれば、日本人とタイ人がその都度、相談をすることでタイ語バージョンをつくりあげている」（松田哲明マンダム（タイランド）社現社長談）という。山下氏は、海外でビジネスを行う企業として、「外国の軒先を借りている外資企業は、新しい事業を創造することによって雇用を継続的に創出することを求められている。雇用創出やきちんと納税することで、自信を持って胸を張って商売ができる。環境についても汚水処理などに取り組んでいる。インドネシアでは、同国の規制よりもマンダムの社内基準を高く設定している。コストは余分にかかるが、日系企業として社会貢献しているという精神的な全うさにこだわりを持つ」と、倫理的な経営の重要性を述べた。また、「本社の利益代表である駐在員として何に基軸を置かねばならないのかということを考える癖がついた」という。パートナー企業との利益の取り方が異なることに鑑み、日本本社から「お前はどちらの立場で話しているのか、どっちから給料をもらっているのか」と怒られつつも「二律背反の軸をぶらさずに本社とパートナーの双方に対して説明責任を果たし経営していくのが駐在員の重要な役割だ」と述べた。

企業が、異国の地で、根を張り地域に深く入り込む際には、機能の現地化という言葉ばかりが先行するが、こうした変化の時代にこそ、変えてはならないもの、ヒトとして企業としての矜持を明確にし、振り子の要のように基点となる軸をぶらすことない経営が求められるのである。「変化の時代に基点となる軸がブレてしまえば、組織がバラバラになってしまう。上がブレれば、下はもっとブレてしまう」のである（マンダム山下氏談）。

また、単なる販社や生産子会社としての域を脱していく段階に入った企業では、「生産拠点」を管理する本国主義的な経営方式から、現地子会社への経営上の自律性を本国本社から与えていくことが求められる。この段階の特徴は、これまでタイを生産拠点とみなした経営では顕在化することのなかった様々な経営的なリスクへの対応が求められてくることである。つまり、経営に求められる難易度が大きく上がると考えなくてはならないが、こうした中、生産拠点としての重要性が依然として高く、現地市場への対応も求められてくるタイビジネスにおいて、本国主義的なアプローチ（ethnocentric approach）と現地志向的なアプローチ（polycentric approach）のバランスをいかに図るかということを考えていかなくてはならない（Perlmuter 1969）。これを先述した、サイモンズのコントロールシステムとのかかわりで示すと以下のようになるであろう。ここで重要なのは、これら双方を排他的に対立する概念として捉えるのではなく、補完的に利用するという点である（**表1**）。

計画は、戦略という質的な概念を数値に落とし込むことで作成され、その代表的なものが予算管理である。このように考えると、戦略の代理変数が予算ということになるが、本社から物理的に離れている海外子会社のマネジメントで

表1：本国主義型と現地志向型のMCS

本国主義型（診断型）	現地志向型（双方向型）
本社主導の トップダウン型の戦略形成	現地顧客・市場主導型の 戦略形成
標準化	現地化（カスタムメイド）
計画に則した	継続的な革新
進捗度の確認	顧客ニーズへの対応
統制	エンパワメント

出所：サイモンズ（1995）をもとに筆者作成。

は、この代理変数である数値化された予算が目的化し、数値によるコントロールが幅を利かせてしまうという問題が生じやすい。また、経営現象を計数的に可視化する際には、常に時間差が生じてしまうことになるが、この差が変化の著しい新興アジアビジネスにおいては、致命傷になることがある。山根（2001）が指摘するように、数字には、感情がないので、計数管理が目的化してしまうと、感情のある人間は委縮し、立ち竦んでしまう。MCSの利用の本質は、従業員に受け入れられることによって、「経営管理者が、組織の行動を維持したり、変化したりするために用いる仕組み」（サイモンズ1995）である。すなわち、先ずは戦略が人々に支持されることが不可避であり、この順序を間違ってはならない。また、戦略的な前提が移ろいやすい新興国市場において、予算や計画がうまくいかない場合は、戦略自体を練り直す作業が不可欠となるのである。

内なる国際化：現地企業からの日本へのメッセージ

インタビュー企業のうち、日系企業以外の企業トップに対しては一様に「日本企業へのメッセージ」をお願いした。**表2**に示されているように、本書に掲載した非日系企業7社（CP明治を含む）のうち、実に5社のトップが、日本人駐在員のジョブローテーションの問題と日本企業の意思決定の遅さをあげた。

冷静に考えてみると、「タイの従業員はジョブホッピング（転職）が頻繁で困る」と、一般的な日本企業のマネージャーは口をそろえるが、タイ側から見ると（相手の立場から見ると）、自分たち自身が同じ目で見られているということに気が付くであろう。実は、頻繁に職場を変えることを繰り返しているのは、日本人駐在員も同じではないのか、という現地企業のトップからの指摘を謙虚に受け止めるべきであろう。トップマネジメントの経験があるわけでもなく、語学が堪能であるわけでもなく、日本から慣れない新興アジアの地に、しかも家族連れで駐在するマネージャーが、わずか3年から4年ほどの任期で本当に現

表2：日本企業の経営課題

	意思決定が遅い	本社が最終決定をする	駐在員が短期で異動する
サハグループ ブンヤシット氏	○		○
CP明治 プラシット氏	○		
DKSH ソンブーン氏	○	○	○
ベタグロ ワナット氏	○		○
マイナー インターナショナル トライティップ氏	○		○

（日本企業へのメッセージ、各企業トップが言及した項目に○印を付した。）

地に入り込み、現地の人と価値を共創していくことが可能なのであろうかという、タイ側からの向けられる日本企業の「本気度」に対する疑念を解消しなければならない。

日本本社と海外現地法人の間にある、様々な問題意識のギャップ、特に、現地市場の躍動感やスピード感、非日系企業の成長の著しさと現地化に対する覚悟の違いは、実に多くの問題を孕んでいる。この深い闇を照らす解決策の一つは、日本本社（親会社）自体の国際化にあるのかもしれない。本書には、掲載していないが、先日、タイにおいて緑茶飲料ビジネスで大成功を収めているイチタン社のタン・パサコンナティ社長に直接、日本企業の弱点を聞くことができたので、そのエピソードを紹介しておこう。彼は日本のことが大好きだし、尊敬をしていると前置きをしたうえで、「日本人は、タイに来ても、わざわざ日本人コミュニティーを作り、仕事が終われば日本人同士で飲みに出かけ、週末は家族サービスもそこそこに日本人同士でゴルフに興じる。現地の従業員の10倍近くする家賃に運転手付きで家に戻って、そこでも、当然、日本語で家族と過ごす。結局、現地のことを真に理解することなどできないのではないか」と述べている。一方で、最近インドネシアへ進出したイチタン社では、「経営幹部であっても、高級ホテルで過ごすのではなく、現地のアパートに住み、現地の水準の生活を必ず一定期間させる。タイ人同士でばかりで固まり、ゴルフに出かけたり、食事に出かけたりする従業員は必要ない」と述べていたのが印象的である。このような日本企業の「特殊性」は、異文化や異質性と交わることで、はじめて顕になるものであり、こうした素朴な問いかけに対して、私たちは、どこまで深く考え抜いていくことができるのであろうか。新興国でビジネスをする際に生じる、こうした日々のやり取りを通じて、それを相手側の価値観や文化と結びつけて蓋をして閉じてしまうのではなく、自らの課題を映し出す鏡として、こうした意見に謙虚に耳を傾けていくことも大切である。

サハ・グループのブンヤシット氏は合弁する日本企業の課題として、「長期的に関係を築くため、事業に深くコミットできる精神を持った人材が不足してきたことが課題だ。海外進出の方針を立てて、日本から人材を派遣したが、失敗する例が多くある。タイに進出するには、創業精神のある人を派遣し、任せる。…本社の指示待ちの、単なるサラリーマンではなく、一代目の創業者の気持ちで仕事ができる人を送り込むことが大切だ」と述べた。CP明治のプラシット氏は、「(日系企業は)経営層や技術部門などの承認をとる必要があり、意思決定に時間がかかる。タイで働いている日系企業の従業員はとても優秀で素晴らしいプレゼンテーションを行う。だが、帰国して親会社の経営層に、生産だけでなく、市場環境、製品開発などをすべて短時間でプレゼンして理解してもらうことは難しい。現場にいない日本本社が、変化の激しい現地市場に関する決断をタイムリーに行うことは難しいだろう」と現地と本社の板挟みになる駐在員の困難に理解を示し、決済の仕組みの問題を指摘した。

多くの日系企業とビジネスを展開するDKSHタイランドのソンブーン氏は、日本企業の問題点として、**①日本企業は現地の経営陣、中間管理職及び若手従業員を頻繁に異動させるジョブローテーションの問題、②あらゆる意思決定が日本本社で行われること、そして③意思決定の遅さ**を挙げた。同氏は、「日本人駐在員は上司に大変に忠実で、本社の意思決定に従う。ただし、日本で成功したからといって、タイでは上手くいかないかもしれないということを腹の底から理解しておかなければ難しい。例えば、日本の名前をそのまま持ってきたシャンプーのブランド名は、タイ人消費者は長くて発音もできない。漢字が読める地域で成功した例がタイで成功するとは限らない。現地の嗜好を理解するために、どこまでの機能を本社に集約し、どこまでを現地に移管するかを再考すべき一例だ」と指摘する。幅広く畜産、食肉加工及び販売を手掛けるベタグロ社CEOのワナット氏も、日本人の短期間でのジョブローテーションや日本の大企業の意思決定の遅さを問題視しながらも、「中堅企業の場合は直接オーナーと話ができ、事業がしやすい面もある。私が会ったオーナーたちは独自の経営理念を持っていて、意見交換もしやすい」と期待を語っている。

タイ・ヤマハ・モーターの永島氏は、タイ企業の経営幹部から、日本本社が最終的な物事が決めると指摘されることにつき、「高度な製品を作る企業であればあるほど、そうせざるを得ない。現地がすべて開発して作れる水準に達すれば、全権限を委譲できるだろう」と権限移譲の限界に触れた。これは日本的経営という特殊性の問題よりも、製品の複雑性の高さ、R＆D機関の移転率という背後の要因を指摘する見解だ。同社は、タイにおいても現地でゼロから生産する体制をとる方向性を持っていることを述べ、技術移転が進まない現状に対して、自社（日本）の既存技術に固執する「おごり」と「まもり」の姿勢の危うさを指摘した。将来的には、現地人が現地のトップ、さらには本社の執行役員になるという理想を持っていることを示した。そして、ハウスオソサファフーズの谷原氏は、「現地のことが心配で心配で仕方がないので権限を委譲せず、本社が何でも判断してしまう状況から抜け出せないことが国際化の遅れの原因だ。現地のことは現地で判断する。突き詰めて言えば、現地で採用した人が社長になり、さらに本社の経営にも執行役員として参画していくことを目指さなければならない」と展望について述べている。

マイナー・インターナショナルのトライティップ氏は、日本的経営の課題をあえて挙げるとすれば前置きした上で、「どの方向に向かっているか調査をする必要性はあるが、パートナーが同じボートに乗りたいというときに、相手企業を先にボートに乗せておいて、日本企業は陸の上から、ボートを横から見たり上から見たりして安全性をチェックする。安全は大切であるが、あまり時間をかけ過ぎると、先に乗り込んだ乗組員はよい気はしない。取るべき時は、リスクを取るべきかもしれないし、時間をかける理由をしっかりとコミュニケーションするべきだ」と述べた。他の選択肢やリスクを考えることは大切であるが、時間をかけて解決できる問題と、時間をかけても変わらない課題、つまり、不確実性と不確定性の違いを正しく理解したうえで、リスクマネジメントをかけていく能力構築が求められるのである。考えてから進むばかりではなく、考えるために動く、ということも新興アジア企業とのパートナーシップにおいては重要になる。

最後に、本インタビューを通じて、非日系企業の経営者の多くが日本企業の課題を語る際に用いた「NATO」という用語の意味を説明しておきたい。海外の多くの人はこの単語の意味を知っているが、意外と日本人には知られていない。これは、日本人ビジネスマンに対する表現としてよく用いられる言葉で、「No Action Talk Only!（行動しないで話だけ）」という意味である。リスクを考慮するあまり意思決定に時間を要し、結局行動しないこともある。また、ぞろぞろと目的も明確でないまま現地企業を「表敬」訪問する日本企業の行動は、タイ側からは、このように見られているのである。

日本的経営の普遍性を見つめ直す

本プロジェクトを通じて、非日系企業の経営者によって指摘された、日本企業の弱み、あるいはパートナーとして改善を求める点は、大きく以下の3点に集約される。(1)日本特殊論(異文化マネジメントの欠如)、(2)意思決定の遅さ(NATO、リスク回避型、本社主導)、(3)頻繁なジョブローテーション(戦略的人事管理システムの欠如)、である。

先ずは、(1)について、これまで、日本的経営に関する議論の多くは、日本という国や日本人の「特殊性」に論拠を求めるものであった。日本(人)は、「農耕民族」であるから、「島国」であるから、「集団主義」であるから、「単一社会」であるから、「村社会」であるから、「長期志向」であるから、といった議論である。しかし、日本企業が、異国の地で事業を展開し、現地と共に発展を目指していく際に、日本特殊論が持つ実践的な含意とはいかなるものであろうか。日本的なものが、西欧との比較を通じてのみ浮かび上がるものであるのか、それともアジアの国々との比較を通じても同様な示唆を得られるものであるのか、日本企業の主戦場が西欧諸国からアジア諸国に移行しつつあるなかで、この問いに向き合うことの重みは増していくことになろう。

本書で取り上げてきた経営者達の言説を振り返ってみると、タイは、日本と似たところもあるが、それでも「やはり違う」ということになる。ここで日本企業が気を付けなければならないのは、同じアジア人であり、親日的なタイという異国の地において、相手もアジア人だからということから生じる甘えや安心である。多くの経営者たちが挙げたように、日本とアジアは似ているという前提からスタートするのではなく、先ずは「異質性」を正面から受け止めるという姿勢が重要となる。同じアジア人であることから、似ているという思い込みや、理解してくれているはずだという認識の甘さが、細かいが重要な数々の違いを片隅に追いやり、気が付けば大きな溝となってしまうことが多い。アジアと日本ではなく、アジアのなかの日本を意識することで、日本特殊論が、日本だけは特別なのだ症候群にすり替わってしまわないように、「感情論」や「思い付き論」から脱却をしなければならない。日本的という概念の中にある「普遍性」を追求していくということは、「差異」や「異質性」を理解し、尊重するということであり、日本からアジアを見るのではなく、アジアから日本を見つめ直すということでもある。新興アジアという実践の場を自らを映し出す「鏡」として、いま一度みずからを謙虚に見つめ直すという姿勢が大切である。

ミツビシ・モータース・タイランドの村橋氏は、株主重視、利益重視の北米型の経営思考が普及する中での経営者の姿勢について「米国や欧州の『企業の成功＝利益』ということ自体が個人的には間違っていると思う。逆に日本の経営者は昔から、『企業は社会の一員』という発想をしていた。過度の成果主義をとると、長期的な戦略がとれない。日本の発展の原動力は、給与そのものよりも、身を粉にして働くことが人間の生き方として正しいと考えたことではないか。『よい経営者＝稼げる経営者』と認識することを疑う余地がある」と述べている。こうした見解は、比較的日本企業の経営者にみられることの多いものである。たとえば、「経営者と従業員は仕事を媒介して契約関係を結ぶ」という契約に基づく信頼に基礎づけられる経営管理の在り方とは異なるものであり、経営者と従業員は「縁あって結ばれた仲」（中根１９６７）という夫婦関係や家族関係にも匹敵するようなヒトとヒトとの結びつきを強調する経営管理の在り方である。また、かつて、社会学者の浜口（１９８２）は、日本社会を西欧の個人主義と対比して、人とのつながりが手段ではなく、本質であるとみなす人間観に基づく社会であると指摘した。他の人との紐帯のなかに、自らの存在意義を見出し、そうした相互依存のなかの人間観をもつのが日本人であるというのである。これを「間人主義」と呼び、日本的な集団主義とは、「個人」と「集団」との相利共生（symbiosis）が目指され、かつ組織の成員間での協調性（人の和）が重視される。この間人主義が、上述した第2の問題点である、日本企業の意思決定の遅さにつながっているのかもしれない。いずれにせよ、本書で経営者が挙げた「日本的な」特徴が、西欧と対比した場合の、日本に特殊的なものと捉えるのか、タイを含むメコン諸国においても受け入れられる普遍性を持つものであるのか、どの部分が普遍的で、どの部分が受け入れられ難いのか、この点を突き詰めて考えていかなくてはならないであろう。

先に挙げた、Bグリム社の「Doing Business with Compassion（慈愛、おもいやり）、相手の幸福をともに喜ぶ、相手の不幸を分かち合い、取り除いてあげたいと願う気持ち」という考え方や、本書には掲載されていないが、国際的な民間医療機関バムルンラード病院社長（当時）のマック・バナー氏が述べるように、「事業から得た利益の一部を社会に還元する。民間企業なので利益は大切だが、良心を持って利益を得る」という経営の在り方自体は広く受け入れられる価値観ではないだろうか。また、タイ・ヤマハ・モーターの永島氏は、「『タイでは子供の頭をなでてはいけない』というのは、教えられないと分からないが、『タイ人は人前で叱ると嫌だ』というのは万国共通ではないか」と指摘するが、まさにその通りだと思う。同様に、従業員、顧客、そして社会を大切にするという経営の大原則には、国境はないのかもしれない。

そう考えると、果たして、日本企業は、新興アジア諸国の地でも、従業員にやさしく、家族的な経営をしていると現地の従業員に受け止められているのであろうか。先に見た、オギハラ（タイランド）社の森田氏やイチタン社のタン氏の日本人駐在員に対するメッセージと同様の見解は、現地の経営大学院の学生やタイ人マネジャーからもよく聞く内容である。タイの消費財王と呼ばれ、多くの日本企業とのパートナーシップを組んできたサハグループ会長のブンヤシット氏は、以前の日本企業は「陸軍」的であり、現在は「空軍」的に事業展開を試みているように感じると、昨今の日本企業の印象を語っている。相対峙する文明や文化の真の価値や意味を理解するには、こうした非日系企業の経営者らの言葉を自らを映し出す鏡として謙虚に受け止め、まずは、自らの足元を見つめ直し、拠って立つ基盤を明確にしたうえで、日本的という言葉で片付けられていた多くの現象のうち、普遍的なものと、特殊的なものを、相手の立場で分別しなければならない。

これまで日本企業は、進出先の相手側を日本化させることで日本的生産システムの輸出（モノづくり）を成功させてきたといえるが、現地市場を開拓するためのコトづくりにはさらに高度で、より深いレベルのローカルな知識が求められることになる。本書で、多くの経営者が指摘したように、コトづくりの現場では、「正しい」やり方は絶対的なものではなく、相対的なものであり、必ずしも日本で成功した事業モデルが、現地で受け入れられるわけではないということを認識しなければならない。このことは、「海外の人材をいかに活用すべきか」という問いに対する外からの変化への対応ではなく、「日本人の駐在員でなければできない仕事は何なのか」という観点から、内なる変化へと繋げていくことを意味する。日本国内市場と現地市場の相対的な重要性の高まりに加え、そのスピードの変化は、従来の本国主義的な経営の在り方の前提の再評価を企業に求めることになる。

また、生産拠点としての重要性に加えて、市場としての広がりと深みを増しつつある新興市場においては、経営企画部門やマーケティング・販売活動など、バリューチェーンの上流と下流を担う、人材資源管理のより戦略的な在り方が検討されなければならない。特に、この段階では、現地マネジャーとの創造的対話を通じた学習と対象への棲み込み（dwelling in）によって、対象と深い深度で交流していくことが不可避となり、そのような経験を積ませていくための仕組みづくりが肝要となる。また、国単位での現地化を進めていく能力構築に加えて、メコン大でのリージョナルレベルでの拠点間の統合と綜合という空間軸と、各国の経済発展段階の差異という時間軸の両次元を複眼的に捉えることのできる戦略的な思考を鍛えなければならない。そのためには、ビジネス・スキルに加えて、歴史的、政治的、制度的、経済的な広い文脈のなかで、自らを位置づけながら相対化し、モザイク模様に拡がる多様な価値観を取り込みながら、他者への敬意と謙虚さを育むことのできる人間力を醸成することが不可欠となろう。メコン地域という混沌とした文脈でリージョナル戦略を実践していくには、先ずは意図的な試行から学習しながらも、そこから派生する意図せざる結果からも学習していくという（Mintzberg 1987）、粘り強い組織学習能力が求められる。こうした学習能力は、「進化能力」と呼ばれるが（藤本2001 p.20）、多国籍企業の強みの一つは、人的資源をはじめとした経営資源を世界中から調達したり、各国に張り巡らされたネットワークを活用した組織学習を世界規模で展開することができる点にあるはずである。しかし、残念ながら、この点は、本書で多くの経営者が指摘したように、日本企業が最も苦手としている課題の1つといえる。

20年以上も前に、「内なる国際化」（吉原 1989）という日本企業に突き付けられた課題は、いまもなおその重みを失ってはいない。吉原（1999a、1999b）は、日本企業の経営のグローバル化の進展には、終戦から現在までの期間を通じて、戦略は変化したがマネジメントは変わらないという特徴がみられることを指摘している。現在の日本企業のＡＳＥＡＮ展開においても、こうした海外直接投資の戦略的意味合いのシフトの速度に、マネジメントの様態の変容が追い付いていないことは明らかであり、今後メコン地域をハブとしたアジア化戦略を構想していく日本企業にとって、この問題は、大きな壁として立ちはだかることになるであろう。

”Pereunt et imputantur“
（時は消えゆく。その責めはわれらにあり。）

藤岡資正 (Dr. Takamasa Fujioka)
チュラロンコーン大学サシン経営大学院
サシン日本センター所長

オックスフォード大学サイード経営大学院、経営哲学博士（DPhil）及び経営学修士（MSc）。ケロッグ経営大学院客員研究員、名古屋商科大学院客員教授、早稲田大学大学院客員准教授、広島大学非常勤講師などを兼任。2010-2014年までサシン経営大学院MBA専攻長を務めた。

上場企業から中小企業まで、数多くの日系企業の顧問を務めながら、政府系調査研究プロジェクトの統括責任者、アドバイザーなども歴任。タイ国文化省芸術局名誉顧問、姫路市観光大使。専門は事業戦略論、グローバル・マネジメント・コントロール・システム。近著に、『タイビジネスと日本企業』(共編著、2012年)、『日本企業のタイ＋ワン戦略：リージョナル戦略の可能性』(仮題、2015年4月頃刊行　同友館)。その他、日英学術論文、専門誌・コラム、講演多数。

●プロジェクト協力メンバー

宮内　努 (Tsutomu Miyauchi)
サシン日本センター　エディター／アナリスト
豪州グリフィス大学大学院修士課程修了（ジャーナリズム＆マスコミュニケーション）。
記者・編集者として複数のメディア関連企業勤務を経て現職。

星川　望 (Nozomu Hoshikawa)
サシン日本センター　シニアアナリスト
慶應義塾大学大学院法学研究科修士課程修了、税理士（日本国）

瀬古清太郎 (Seitaro Seko)
サシン日本センター事務局
大阪市立大学大学院経営学研究科博士課程満期退学。
タマサート大学（SIIT）の研究助手などを経て現職。

参考文献一覧

- Argyris, C. (1977)
  Learning and Teaching: A Theory of Action Perspective, Journal of Management Education, 21(1), 9-27.
- Argyris, C. (1999)
  On Organizational Learning (2nd ed), Blackwell Business.
- Bhide, A.V. (2000)
  The Origin and Evolution of New Business, Oxford University Press.
- Mintzberg, H. (1987)
  Crafting strategy, Harvard Business Review, 65(4), 66–75
- Park, S.H. and G. R. Ungson(2001)
  Interfirm Rivalry and Managerial Complexity: A Conceptual Framework of Alliance Failure, Organization Science, Vol.12, No.1, 37-53.
- Perlmuter, H.V.(1969)
  The Tortuous Evolutions of the Multinational Corporation, in Baker, J.C., Ryans, J.K. and D.G. Howard, International Business Classics, Lexington Books (中島潤ほか監訳 (1990)『国際ビジネス・クラシックス』文真堂)。
- Praharad, C.K. and Y.L. Doz (1987)
  The Multinational Mission: Balancing Local Demands and Global Vision, New York: Free Press.
- Simons, R. (1995)
  Levers of Control, Harvard Business School Press (中村元一ほか訳『ハーバード流「21 世紀経営」4 つのコントロール・レバー』産能大学出版)。
- 河合忠彦・大森賢二・高橋信夫 (1993) **『経営学』有斐閣。**
- 中根千枝 (1967) **『タテ社会の人間関係:単一社会の理論』講談社現代新書。**
- 浜口恵俊 (1982) **『間人間主義の社会　日本』東洋経済新報社。**
- 藤岡資正・チャイポンポンパニッチ・関智宏編著 (2012)
  『タイビジネスと日本企業』同友館。
- 藤岡資正 (2013) **「中小企業の ASEAN 進出－連関性を活かした事業展開」『企業診断』11 月号, 68-70 頁。**
- 藤本隆宏 (2001) **「アークテクチャの産業論」藤本隆宏・武石彰・青島矢一編著『ビジネス・アーキテクチャ:製品・組織・プロセスの戦略的設計』有斐閣。**
- 松島大輔 (2013) **「日タイ「お互い」プロジェクトから始まる産業クラスター連携」『企業診断』10 月号 ,44 － 47 頁。**
- 山根節 (2001)
  『ビジネス・アカウンティング:財務諸表との格闘のすすめ』中央経済社。
- 吉原英樹 (1999a) **「変わる戦略変わらぬマネジメント:戦後の国際経営の軌跡」『慶應経営論集』第 17 巻第 1 号 ,55-71 頁。**
- 吉原英樹 (1999b) **「グローバル・オペレーションと日本型マネジメント」『会計人コース』11 月号, 4-8 頁。**
- 吉原英樹 (1989)
  『現地人社長と内なる国際化 - グローバル経営の課題』東洋経済新聞社。

タイの経営、日本の経営

企業トップが語る新興国ビジネスの要諦

2015年4月25日（初版第1刷発行）

著　者　藤岡資正

発行人　佐々木紀行

発行所　株式会社カナリアコミュニケーションズ
〒141-0031　東京都品川区西五反田6-2-7
ウエストサイド五反田ビル3F
Tel.03-5436-9701　Fax.03-3491-9699
http://www.canaria-book.com

印刷所　株式会社創英

装　丁　gmdesigning

©Takamasa Fujioka 2015. Printed in Japan

ISBN978-4-7782-0303-0　C0034

定価はカバーに表示しております。乱丁・落丁本がございましたらお取り替いたします。

カナリアコミュニケーションズ宛にお送りください。

本書の内容の一部あるいは全部を無断で複製複写（コピー）することは、著作権法上の例外を除き禁じられています。

カナリアコミュニケーションズの書籍ご案内

ドバイビジネス解体新書

日本とドバイをつなぐ！

世界とつなぐ！

中川 信介 著

2014年7月15日発刊
価格　1300円（税別）
ISBN978-4-7782-0273-6

なぜ今ドバイなのか？知っているようで知らない街、それがドバイ。そこには日本人ならではのビジネスチャンスが無数に存在する。

日本人が抱く誤ったイメージを払拭し、ドバイでチャンスをものにするための情報が満載。

付録「ドバイでの会社設立手順」つき！

ミャンマービジネスの真実

アジア最後のフロンティア
『ミャンマー』の横顔

田中 和雄 著

2014年3月20日発刊
価格　1400円（税別）
ISBN978-4-7782-0266-8

日本では報じられないミャンマーの知られざる素顔とは。

現地に17年通い続けた著者だからこそ書けるミャンマーの真の姿がこの1冊に集約。

この国でビジネスするなら知っておかなくてはならないことが網羅された必読の書。

カナリアコミュニケーションズの書籍ご案内

ベトナム建設企業
50選

ブレインワークス／
アイキューブ 編著

2014年8月15日発刊
価格　1800円（税別）
ISBN978-4-7782-0278-1

高い経済成長率を続けるベトナム。経済成長に必ずともなうのが建設ラッシュ。

若い労働力とエネルギーが溢れるベトナムで、今後ますます飛躍が期待される建設業界。

本書ではベトナム・ホーチミンの中でもえりすぐりの企業を紹介しています。

フィリピン成長企業
50社

ブレインワークス／
アイキューブ 編著

2014年8月15日発刊
価格　1800円（税別）
ISBN978-4-7782-0276-7

今、世界から注目を集めているフィリピン経済。

英語圏ということもあり、BPO（ビジネス・プロセス・アウトソーシング）を中心に経済の成長が著しい。

これを読めば将来性のあるフィリピン企業がまるわかり。

フィリピンで急成長する企業が満載の１冊。